Annabel Karmel
Le grand livre des purées

Annabel Karmel
Le grand livre des purées

100 recettes faciles pour bébé gourmand

Traduit de l'anglais par Linda Nantel

Guy Saint-Jean
ÉDITEUR

Catalogage avant publication de Bibliothèque et Archives nationales du Québec et Bibliothèque et Archives Canada

Karmel, Annabel

    Le grand livre des purées

    Traduction de: *Top 100 baby purées*.

    Comprend un index.

    ISBN 978-2-89455-583-5

    1. Cuisine (Aliments pour nourrissons). 2. Nourrissons - Alimentation. I. Titre.

TX740.K3714 2012   641.5'6222   C2012-940312-1

Nous reconnaissons l'aide financière du gouvernement du Canada par l'entremise du Fonds du livre du Canada (FLC) ainsi que celle de la SODEC pour nos activités d'édition.

 Patrimoine canadien / Canadian Heritage    Canadä   Société de développement des entreprises culturelles Québec

Gouvernement du Québec – Programme de crédit d'impôt pour l'édition de livres – Gestion SODEC

Publié originalement en Grande-Bretagne en 2005 par Ebury Press, une succursale de Random House Group, sous le titre *Top 100 Baby Purées*. Cette édition en langue française produite avec l'accord de Eddison Sadd Editions, St Chad's House, 148 King's Cross Road, Londres WC1X 9DH.

© Annabel Karmel (textes), 2005

© Dave King (photos), 2005

Édition: Kate Parker

Conception graphique: Smith & Gilmour, Londres

Pour cette édition en langue française:

© Guy Saint-Jean Éditeur inc. 2012

Traduction et édition: Linda Nantel

Infographie: Olivier Lasser

Infographie de la page de couverture: Christiane Séguin

Dépôt légal — Bibliothèque et Archives nationales du Québec, Bibliothèque et Archives Canada, 2012

ISBN 978-2-89455-583-5

Distribution et diffusion

Amérique : Prologue

Belgique : La Caravelle S.A.

Suisse : Transat S.A.

Guy Saint-Jean Éditeur inc., 3440, boul. Industriel, Laval (Québec) Canada, H7L 4R9. 450 663-1777.

Courriel : info@saint-jeanediteur.com • Web : www.saint-jeanediteur.com

ASSOCIATION NATIONALE DES ÉDITEURS DE LIVRES

Imprimé en Chine

Table des matières

Introduction

L'introduction d'aliments solides

C'est au cours de sa première année de vie que l'être humain connaît sa période de croissance la plus rapide et c'est pourquoi les décisions que vous prendrez à propos de l'alimentation de votre bébé sont de la plus haute importance.

Ne vous empressez pas de sevrer votre petit. Au cours des six premiers mois, le lait maternel ou le lait maternisé doit être sa principale nourriture, car il suffit à combler tous ses besoins nutritifs.

Vers l'âge de 6 mois, l'enfant atteint un stade où il aussi besoin d'aliments solides. La réserve en fer dont il a hérité au moment de sa naissance est alors épuisée et il est important que son alimentation en contienne suffisamment (voir page suivante).

Chaque bébé étant unique, il n'y a pas d'âge «idéal» pour introduire les aliments solides, mais on ne devrait jamais lui en offrir avant qu'il ait 17 semaines. Avant cet âge, son système digestif n'est pas suffisamment développé et le risque qu'il développe des allergies est alors plus élevé. Si vous pensez que votre enfant a besoin d'aliments solides avant l'âge de six mois, parlez-en d'abord à son pédiatre ou à un spécialiste de la santé.

Signes indiquant qu'un bébé peut être sevré:
• il a encore faim après avoir été bien allaité ;
• il demande à être allaité plus souvent ;
• il se réveille la nuit malgré un boire qui lui permettait auparavant de dormir jusqu'au matin.

Les besoins nutritifs de votre bébé

Un régime pauvre en gras et riche en fibres convient aux personnes dont la croissance est terminée, mais est inapproprié pour les bébés et les jeunes enfants qui ont besoin de plus de gras et de sources concentrées de calories et de nutriments pour croître normalement. Il ne faut donc pas leur donner de produits laitiers écrémés.

Il ne faut pas leur offrir non plus trop de fibres, car elles sont bourratives et pourraient leur couper l'appétit pour d'autres aliments essentiels à leur croissance et à leur développement. De plus, un excès de fibres pourrait éliminer de leur organisme d'importants minéraux et causer des problèmes comme la diarrhée. Les aliments riches en fibres comme les fruits séchés et les légumineuses devraient être offerts avec modération, de même que le pain de blé entier et les céréales complètes. Les purées de fruits (pommes, poires et prunes) ne devraient pas être servies trop souvent non plus.

Votre bébé doit manger une grande variété de fruits et de légumes afin d'avoir tous les minéraux et vitamines dont il a besoin. Après les premières semaines de sevrage, donnez-lui des purées de fruits et de légumes, mais aussi des aliments relativement riches en calories comme de la purée d'avocat, des fruits mélangés avec du yogourt (pages 33 et 55) et des Légumes à la sauce au fromage (page 71).

Le fer est essentiel au développement physique et mental de votre enfant. Le fer héminique, contenu dans les produits d'origine animale comme la viande rouge ou la volaille, est mieux absorbé que le fer non héminique, qui provient des aliments d'origine végétale comme les légumes verts et les céréales. La vitamine C facilitant l'absorption du fer, il est bon de donner à votre bébé des fruits qui en contiennent (ex.: agrumes, petits fruits, etc., mais pas avant l'âge de six mois; voir page 8) ou encore des légumes comme le brocoli ou le poivron.

Les compléments vitaminiques

La plupart des bébés n'ont pas besoin de compléments vitaminiques pourvu qu'on leur donne des aliments frais en quantité suffisante et du lait maternisé jusqu'à l'âge de un an. Si vous allaitez votre enfant (le lait maternel ne contient pas de vitamine D) ou s'il boit moins de 500 ml (18 oz) de lait maternisé par jour, demandez à son pédiatre s'il devrait prendre des compléments vitaminiques entre l'âge de six mois et de deux ans.

Les bienfaits des aliments maison

Rien n'est meilleur ni plus économique que les aliments que vous préparez à la maison. De plus, vous savez exactement quels ingrédients vous donnez à votre bébé. Il s'habituera ainsi à manger peu à peu les mêmes aliments que le reste de votre famille. Afin de gagner du temps, préparez des quantités plus grandes afin de pouvoir en congeler une partie dans des petits pots ou un tiroir à glace.

L'importance du lait pour votre bébé

Le lait maternel ou maternisé doit fournir tous les nutriments dont bébé a besoin au cours des six premiers mois. Idéalement, vous devriez essayer de l'allaiter jusqu'à ce qu'il ait au moins six mois (26 semaines). Il est recommandé de lui donner exclusivement du lait maternel au cours de cette période. Lorsqu'il commencera à manger des aliments solides, il devra aussi continuer de consommer du lait en quantité suffisante. Entre l'âge de six mois et un an, les bébés doivent boire au moins 500 à 600 ml (18 à 20 oz) de lait maternel ou maternisé par jour. Le lait maternel est toujours préférable au lait maternisé parce qu'il contient tous les nutriments requis ainsi que des anticorps qui aident bébé à combattre la maladie et les infections. Les enfants nourris au sein au cours des six premiers mois semblent avoir des allergies moins sévères s'ils sont issus d'une famille où l'on trouve pourtant des cas d'asthme, de rhume des foins, d'eczéma et d'allergies alimentaires.

Le lait maternel ou le lait maternisé devrait être la principale boisson de votre petit au cours de sa première année puisque le lait de vache ne contient pas assez de fer et des autres nutriments indispensables à une croissance normale. Toutefois, on peut utiliser du lait de vache pour cuisiner dès que le petit atteint l'âge de six mois (ex.: dans ses céréales ou dans une sauce au fromage).

Les meilleurs premiers aliments

Les premiers aliments doivent être faciles à digérer et peu susceptibles de causer une réaction allergique. Les **CAROTTES**, **PATATES DOUCES**, **PANAIS** et **RUTABAGAS** (**CHOUX-NAVETS**) plaisent aux plus jeunes bébés à cause de leur goût naturellement sucré et de leur texture veloutée en purée.

Les **POMMES** et les **POIRES** sont aussi excellentes. Les **BANANES** et les **PAPAYES** mûres ne requièrent aucune cuisson et peuvent être mélangées avec un peu de lait maternel ou maternisé. Les fruits doivent être mûrs et succulents; goûtez-les avant de les servir à votre bébé.

Le **RIZ POUR BÉBÉS** est aussi recommandé comme premier aliment de sevrage. Mélangé avec de l'eau, du lait maternel ou du lait maternisé, il se digère facilement et son goût laiteux facilite la transition vers les aliments solides. Choisissez une marque sans sucre mais enrichie de fer et de vitamines. Le riz pour bébés se mélange bien avec les purées de fruits et de légumes.

Les aliments à éviter

Les **AGRUMES** et les **PETITS FRUITS**, y compris le jus d'orange ou de citron, peuvent causer une réaction, mais rarement une véritable allergie. Attendez que bébé ait six mois avant de lui en donner.

Les **POISSONS** et les **FRUITS DE MER** ne devraient jamais être servis à un bébé de moins de six mois à cause des risques d'empoisonnement alimentaire et d'allergie.

Ne donnez pas de **MIEL** à votre enfant avant qu'il ait un an. Certaines variétés contiennent la bactérie Clostridium botulinum, responsable du botulisme infantile, une maladie potentiellement très grave. Les bébés âgés de plus d'un an ont une flore bactérienne intestinale assez développée pour empêcher cette bactérie de croître.

Les **NOIX** et les **GRAINES**, incluant les arachides, le beurre d'arachide et autres beurres de noix, sont complètement interdits s'il y a le moindre risque de réaction allergique ou s'il y a des cas d'allergie au sein de la famille. On ne doit pas offrir de noix entières aux petits âgés de moins de cinq ans à cause des risques d'étouffement.

Les **ŒUFS CRUS** ou **PAS ASSEZ CUITS** sont sévèrement proscrits à cause du risque de salmonellose.

On ne doit pas donner d'œufs à bébé avant l'âge de six mois. Le blanc et le jaune doivent absolument être cuits jusqu'à ce qu'ils soient solides.

SEL: On ne doit pas ajouter de sel aux aliments des bébés qui ont moins d'un an. Cela pourrait nuire à la formation de leurs reins et causer une déshydratation. Le goût pour les aliments salés s'acquiert dès le plus jeune âge, ce qui pourrait causer de l'hypertension plus tard au cours de leur vie. Jusqu'à six mois, les bébés devraient prendre moins de 1 g de sel par jour et, à partir de sept mois, un maximum de 1 g par jour. Évitez les aliments du commerce qui ne sont pas destinés aux bébés (ex.: sauces pour les pâtes, céréales). Les aliments fumés sont aussi interdits à cause de leur haute teneur en sel.

SUCRE: N'ajoutez pas de sucre, sauf si les aliments sont très acides. Le goût du sucre est une habitude acquise qui augmente le risque de carie dentaire au moment de l'apparition des premières dents.

Les **FROMAGES NON PASTEURISÉS** (ex.: brie, camembert, fromages bleus, etc.) sont interdits jusqu'à l'âge de un an à cause des risques de listériose.

Les **PRODUITS DU BLÉ** et les aliments contenant du **GLUTEN** – blé, orge et seigle – ne doivent pas être introduits avant l'âge de six mois. Assurez-vous que les céréales et les pains bâtons ne contiennent pas de gluten si votre petit a moins de six mois. Le riz pour bébés est l'aliment le plus sûr pour entreprendre le sevrage.

La cuisson des aliments pour bébés

AU FOUR: Si vous utilisez le four pour votre famille, profitez-en pour faire cuire une pomme de terre, une patate douce ou une courge pour votre bébé. Lavez le légume et piquez-le avec une fourchette avant de le cuire au four préchauffé à 190 °C/375 °F/gaz 5 environ 1 heure, jusqu'à tendreté. Coupez-le en deux, puis prélevez la chair que vous mélangerez avec un peu de lait ou une noix de beurre.

BOUILLIS: Utilisez le moins d'eau possible, juste assez pour couvrir les aliments. Ne les faites pas trop cuire afin de préserver tous leurs nutriments. Ajoutez suffisamment d'eau de cuisson aux légumes pour obtenir une purée lisse.

AU MICRO-ONDES: Mettez les fruits ou les légumes hachés dans un plat convenant à ce mode de cuisson. Ajoutez un peu d'eau, couvrez en laissant un peu d'espace pour l'aération, et faites cuire à allure maximale jusqu'à tendreté. Faites une purée que vous mélangerez afin qu'elle ne soit pas trop chaude pour bébé.

À LA VAPEUR: C'est la meilleure façon de préserver le goût frais et les vitamines des fruits et des légumes. Les vitamines B et C étant hydrosolubles, elles peuvent être facilement détruites par une surcuisson, surtout dans le cas des fruits et des légumes bouillis. Par exemple, le brocoli bouilli perd plus de 60 % de ses antioxydants, mais moins de 7 % si on le cuit à la vapeur. Un panier cuit-vapeur multi-étages est un bon achat puisqu'il permet de cuire plusieurs légumes en même temps. Si la purée n'est pas assez lisse, ajoutez-y un peu d'eau de cuisson.

À L'ÉTOUFFÉE: Mettez les fruits hachés (ex.: pommes ou poires pelées) dans une casserole à fond épais et, au besoin, ajoutez un peu d'eau ou de jus de fruits. Couvrez, faites cuire à feu doux jusqu'à tendreté et réduisez le tout en purée. Servez la purée tiède dans le bol de bébé.

Les purées

Au cours des premières semaines de sevrage, il est important que les aliments soient lisses, pas trop épais et jamais grumeleux.

ROBOT CULINAIRE: Idéal pour faire de grandes quantités (ex.: pour la congélation). Certains modèles ont un bol plus petit servant à faire des quantités moindres. Il est toutefois plus long de laver les accessoires du robot qu'un pied-mélangeur.

PIED-MÉLANGEUR: Un véritable allié pour faire les purées pour bébés, surtout s'il s'agit de petites quantités.

MOULIN À LÉGUMES: Recommandé pour les purées de légumes (ex.: pommes de terre, patates douces) et les aliments à la peau épaisse (ex.: petits pois, abricots séchés) parce qu'il permet d'éliminer les parties les plus coriaces. Le moulin est de loin préférable au robot culinaire pour faire certaines purées puisque ce dernier brise les féculents de la pomme de terre et produit une purée collante et glutineuse.

La congélation

• Les tiroirs à glace en plastique souple sont très utiles pour congeler les aliments, mais prenez soin de les emballer dans des sacs pour congélation. Une fois les aliments congelés, libérez les cubes que vous mettrez dans des sacs pour congélation hermétiques et bien étiquetés.

• Vous pouvez décongeler deux portions d'aliments différents, puis les mélanger.

• Ne remettez jamais au congélateur des aliments qui ont déjà été congelés. Seule exception: les aliments crus congelés peuvent être congelés de nouveau après cuisson.

• Les purées pour bébés se gardent six semaines au congélateur.

• Faites refroidir les aliments le plus vite possible, puis congelez-les. Ne les gardez pas au réfrigérateur pendant plusieurs jours avant de vous décider à les congeler.

Le réchauffage des aliments

• On peut faire décongeler les purées au micro-ondes ou dans une casserole à condition de les réchauffer jusqu'à ce qu'elles soient brûlantes. Laissez-les refroidir à température ambiante, puis remuez-les bien avant de les donner à votre bébé.

• Ne réchauffez pas les aliments plus d'une fois et jetez ceux que bébé n'a mangés qu'à moitié parce qu'ils contiennent des bactéries contenues dans sa salive.

• Les aliments doivent être chauds, mais pas trop, parce que la bouche des bébés est plus sensible que celle des adultes.

• Réchauffez les aliments au micro-ondes jusqu'à ce qu'ils soient très chauds afin que la chaleur détruise toutes les bactéries pouvant être présentes. Laissez-les ensuite refroidir à température ambiante. Mélangez-les avec soin afin de bien distribuer la chaleur et vérifiez leur température avant de les servir à votre bébé.

Les allergies alimentaires

La plus grande incidence d'allergies alimentaires survient au cours des premières années de la vie. Toutefois, il ne faut pas s'inquiéter indûment à moins qu'on puisse recenser des cas d'allergies ou de maladies atopiques dans l'histoire familiale (ex.: rhume des foins, asthme, eczéma). L'incidence d'allergies alimentaires est en fait peu élevée chez la plupart des bébés: environ 6 % en souffriraient.

Une étude publiée il y a quelques années (*The Lancet*) a démontré que bien qu'en moyenne 20 % des adultes croyaient avoir une forme d'allergie alimentaire, le test IgE (qui décèle la présence d'allergie) a révélé que seulement 3 % des personnes testées en souffraient réellement.

Les aliments les plus communs susceptibles de causer une réaction allergique chez les bébés sont:

• le lait de vache et les produits laitiers;
• les noix et les graines;
• les œufs;
• les produits à base de blé;
• les poissons, surtout les fruits de mer;
• les petits fruits et les agrumes.

Si votre bébé a un parent (ou deux), un frère ou une sœur ayant une allergie alimentaire ou une maladie atopique, il sera plus à risque de développer lui-même un problème d'allergie. Vous devrez alors introduire les aliments un à un et observer avec soin s'il a une réaction. Prenez les précautions suivantes:

• Si possible, nourrissez-le exclusivement au sein au cours des six premiers mois. Sinon, demandez à votre médecin s'il est de mise de lui donner du lait maternisé «hypoallergène».

• Au moment du sevrage, donnez-lui d'abord des aliments qui ne sont pas susceptibles de provoquer une réaction allergique (ex.: riz pour bébés, légumes-racines, pommes ou poires).

• Vous devez introduire les nouveaux groupes alimentaires un à un pendant deux ou trois jours. Ainsi, si votre bébé a une réaction allergique, vous saurez quelle en est la cause.

• Si un membre de votre famille souffre d'une allergie due à un aliment particulier, évitez d'en faire manger à votre petit jusqu'à ce qu'il atteigne l'âge de six mois.

• Si vous pensez que votre bébé pourrait être allergique au blé ou au lait de vache, n'excluez pas ces aliments-clés de sa diète sans d'abord consulter son pédiatre.

Même si plusieurs enfants sont libérés de leurs allergies vers l'âge de trois ans, une sensibilité particulière peut perdurer tout au long de leur vie.

Qu'est-ce qu'une réaction allergique?

Une réaction allergique est une réaction anormale du système immunitaire contre des éléments étrangers mais inoffensifs qu'il perçoit comme une menace, ce qui provoque la production d'une grande quantité d'anticorps dans le sang. Cette réaction peut causer ou contribuer à l'apparition de différents problèmes comme l'eczéma, l'urticaire, les démangeaisons, le rhume des foins, l'asthme, la diarrhée et même un retard de la croissance. Si votre enfant est allergique à un aliment de base comme le lait de vache ou le blé, consultez un expert qui vous expliquera comment équilibrer ses repas.

L'intolérance alimentaire

Souvent qualifiée de «fausse allergie alimentaire», l'intolérance alimentaire est une réaction anormale de l'organisme à la suite de l'ingestion d'un aliment. Les symptômes sont habituellement de courte durée et plus légers que ceux d'une véritable allergie. Toutefois, étant donné qu'elle peut provoquer les mêmes symptômes, consultez votre pédiatre si vous soupçonnez un aliment courant, comme le lait de vache. Ne changez pas son lait sans d'abord consulter. Il est possible que la mauvaise réaction de votre enfant soit temporaire.

Le diagnostic de l'allergie alimentaire

L'allergie alimentaire peut provoquer une grande variété de symptômes qui peuvent avoir d'autres causes et il n'est pas toujours évident de confirmer s'il s'agit bien d'une allergie alimentaire ou de déterminer quel aliment est en cause. Des réactions peuvent survenir immédiatement après l'ingestion d'un aliment spécifique et parfois même quelques heures ou quelques jours plus tard. Consultez un médecin si vous croyez que votre bébé pourrait être allergique à un aliment.

Depuis que l'on recommande d'attendre l'âge de six mois avant d'introduire des aliments solides – plutôt après six mois qu'avant –, on a observé une diminution du nombre de cas de réactions allergiques chez les très jeunes enfants. Toutefois, certains petits âgés de moins de 18 mois sont tout de même susceptibles de développer une allergie.

Plusieurs personnes blâment les additifs alimentaires, mais les réactions défavorables à ce genre de produits sont probablement au moins cent fois moins fréquentes que les mauvaises réactions dues à des aliments naturels comme le lait de vache ou le blé.

La meilleure façon de détecter la cause d'une allergie est d'éliminer les allergènes les plus communs ou ceux qui semblent suspects. On attend ensuite que cessent les symptômes, puis on réintroduit les aliments suspects un à un jusqu'à ce que les symptômes réapparaissent. Ce type de test doit toujours être fait sous supervision médicale et avec l'aide d'un diététiste qualifié.

L'allergie aux protéines du lait de vache

Il s'agit de l'allergie alimentaire la plus courante et elle affecte environ 3 % des enfants. Une réaction allergique due au lait maternisé ou à n'importe quel produit laitier peut survenir quelques minutes à peine après l'ingestion, mais aussi quelques jours plus tard. Parmi les symptômes: crampes, diarrhée, vomissements, démangeaisons ou difficultés respiratoires.

Si votre bébé est sensible au lait maternisé à base de lait de vache, consultez votre médecin, qui vous recommandera un lait hypoallergène spécial. Son goût est différent et, contrairement au lait maternel plutôt sucré, il peut être un peu amer. Si vous allaitez encore votre petit, il ne sera peut-être pas enchanté de boire ce nouveau lait, mais il faut persévérer.

Le lait maternel est idéal pour les bébés, mais il arrive que les mères doivent éliminer les produits laitiers de leur propre alimentation si leur enfant est allergique au lait de vache. Consultez votre médecin si c'est le cas.

Tous les produits laitiers – fromage, yogourt, beurre, crème glacée et chocolat, etc. – doivent être éliminés de la diète de votre enfant s'il est allergique aux protéines du lait de vache. Dans les cas moins sévères, l'enfant arrive parfois à tolérer de petites quantités de produits laitiers. Donnez du lait de soja à votre bébé seulement si c'est son médecin qui le prescrit. Dans la plupart des cas, le lait maternel ou un lait maternisé sans soja sera un meilleur choix. Les laits maternisés à base de soja ne sont pas recommandés pour les bébés de moins de six mois à cause de leur taux élevé en phytoestrogènes, qui pourrait présenter un risque à long terme sur le système reproducteur des enfants. Il est donc plus prudent de ne pas donner exclusivement du lait de soja à votre enfant au cours de sa première année de vie. Aussi, les enfants de moins de deux ans ne devraient pas boire seulement du lait de soja du supermarché puisqu'ils ont encore besoin du lait maternisé, plus riche en nutriments.

À cause de leur petit poids, les bébés qui boivent du lait maternisé à base de lait de soja absorbent proportionnellement plus de phytoestrogènes que les enfants plus âgés.

Vous pouvez faire les recettes de ce livre même si votre enfant est allergique au lait de vache en utilisant du lait de soja sucré et de la margarine de soja pour remplacer le lait de vache et le beurre. La caroube peut remplacer le chocolat au lait. Toutefois, certains fromages de soja qui contiennent des traces de lait de vache doivent être évités.

Si votre bébé ne peut manger de produits laitiers, n'oubliez pas de lui offrir des aliments de remplacement riches en calcium, par exemple les fromages sans lait de vache, le tofu, les légumes verts feuillus, les fruits séchés, les graines, le pain et les boissons de soja enrichies.

L'intolérance au lactose

Le lactose est un glucide présent dans le lait. L'intolérance au lactose empêche la digestion de ce sucre à cause de l'absence dans l'intestin d'une enzyme appelée lactase. Il ne s'agit toutefois pas d'une allergie. Les principaux symptômes sont la diarrhée, les crampes, la flatulence et la distension de l'abdomen. Cette intolérance peut être héréditaire (le corps ne produit pas assez de lactase) ou succéder à une gastroentérite (infection intestinale). À la suite d'une gastroentérite, les sites de production de la lactase peuvent être endommagés et le lactose non digéré reste alors dans le tube digestif. Il suffira de quelques semaines ou de quelques mois pour que l'enzyme soit de nouveau produite et que le lactose soit enfin digéré normalement.

Certains enfants peuvent profiter des bienfaits d'une diète sans lait pendant une courte période. Sur recommandation de votre médecin, vous pourriez lui donner alors un lait de remplacement hydrolysé.

Au moment de faire vos achats, lisez bien les étiquettes pour détecter les ingrédients pouvant contenir du lait de vache. Évitez les produits contenant de la caséine, du caséinate, du lait écrémé et du lactosérum (petit-lait). Certains enfants intolérants au lactose peuvent manger de petites quantités de fromage à pâte dure ayant un taux réduit en lactose et des yogourts (le lactose est alors digéré par les bactéries), mais tous les cas sont évidemment différents.

L'allergie aux arachides

Dans le cas des arachides et des produits qui en contiennent – ils peuvent causer une allergie sévère comme un choc anaphylactique pouvant être une menace pour la vie –, il est recommandé d'être extrêmement prudent. Si un membre de votre famille est allergique aux arachides, il est préférable d'éviter tous les produits qui en contiennent jusqu'à ce que le bambin ait atteint l'âge de trois ans. Il faudra aussi demander un avis médical avant de les introduire dans son alimentation. S'il n'y a aucune allergie aux arachides dans la famille, on peut donner à bébé du beurre d'arachide et des noix finement moulues dès l'âge de six mois. On ne devrait toutefois pas donner de noix entières aux enfants âgés de moins de cinq ans afin de prévenir les risques d'étouffement.

Les œufs

C'est habituellement la protéine contenue dans le blanc d'œuf qui est responsable de l'allergie chez les bébés. Il arrive souvent que leur bouche enfle rapidement après avoir été en contact avec de l'œuf. L'urticaire fait aussi partie des symptômes les plus fréquents. À moins que ce ne soit spécifié clairement sur l'étiquette, tenez pour acquis que tous les produits de boulangerie en contiennent. Les produits dérivés d'œufs portent aussi les noms d'albumine, lécithine E322, ovoglobuline, globuline, ovalbumine, ovomucine ou vitelline. Vous trouverez du succédané d'œuf dans les supermarchés.

L'intolérance au gluten

On trouve du gluten dans le blé et d'autres céréales, comme le seigle et l'orge. Il est donc présent dans plusieurs aliments de base comme le pain, les pâtes, les céréales prêtes à consommer, les gâteaux et les biscuits. La maladie cœliaque est un problème de santé grave. Si un membre de votre famille souffre de cette maladie, il y a un risque accru que votre enfant en soit aussi atteint. Parmi les symptômes: perte d'appétit, croissance insuffisante, ventre gonflé, selles pâles, mousseuses et malodorantes. La maladie peut être diagnostiquée par un simple test sanguin et confirmée ultérieurement par une endoscopie de la paroi intestinale.

On ne devrait pas donner à bébé des aliments qui renferment du gluten avant l'âge de six mois. Les céréales introduites entre quatre et six mois doivent être exemptes de gluten (ex.: riz ou maïs). Le riz pour bébés est idéal pour commencer le sevrage. Par la suite, remplacez les pâtes de blé par du riz, des nouilles de maïs ou des spaghettis au sarrasin. Le matin, servez à votre petit des céréales à base de riz ou de maïs plutôt que des céréales de blé. On trouve aussi dans le commerce du pain, de la farine, des pâtes, des biscuits et des gâteaux sans gluten.

Des études démontrent que la plupart des personnes atteintes de la maladie cœliaque peuvent manger de petites portions d'avoine (ex.: un bol de gruau ou de porridge). La farine de blé peut être remplacée par de la farine de maïs, du riz blanc ou brun, de la semoule de riz et de la fécule de pomme de terre.

Les additifs et les colorants alimentaires

Certains additifs alimentaires très répandus, comme la tartrazine (jaune n° 5), ont été associés à des réactions allergiques. Certains liens ont été établis entre l'hyperactivité et les additifs alimentaires. Il semble évident que chez une minorité, des additifs tels que les saveurs et les colorants artificiels, ou des aliments naturels comme le lait ou le blé, peuvent influer sur le comportement. Toutefois, cette incidence n'affecte qu'une faible minorité d'enfants.

Lisez bien les étiquettes au moment d'acheter des abricots séchés: ils contiennent souvent du dioxyde de soufre (additif alimentaire E220), pouvant provoquer une crise d'asthme chez un très petit nombre de bébés.

• Informez-vous sur les associations consacrées aux problèmes d'allergie ou d'intolérance alimentaire dans votre région. Voici quelques liens utiles.

Association québécoise des allergies alimentaires • 514 990-2575 • 1 800 990-2575 • aqaa@aqaa.qc.ca

Fondation québécoise de la maladie cœliaque • 514 529-8806 • info@fqmc.org

Association française des intolérants au gluten • 01.56.08.08.22

La société belge de la cœliaquie • 02 705 13 22 • info@sbc-asbl.be

L'eczéma

L'eczéma est un sujet compliqué et les enfants qui en souffrent doivent toujours être examinés par leur médecin. Cette maladie de la peau n'est pas toujours causée par des aliments puisque d'autres facteurs peuvent aussi être en cause (ex.: savons, détergents, pelouse, pollens en suspension dans l'air). Si un membre de votre famille souffre d'eczéma, l'allaitement maternel pourrait en retarder l'apparition chez votre bébé. Les aliments les plus souvent responsables d'allergies qui prennent la forme d'eczéma sont le lait de vache, les noix, le blé, les œufs et les fruits de mer.

Le sevrage des bébés prématurés

Si votre bébé est né prématurément, la période de sevrage pourra varier. Les bébés nés avant terme (avant 37 semaines) ont davantage besoin de certains nutriments, comme le fer et le zinc, lesquels commencent à être emmagasinés par l'organisme au cours des derniers mois de la grossesse.

Plusieurs bébés nés avant terme seront prêts à prendre des aliments solides avant l'âge de six mois selon leur âge «corrigé». (L'âge réel est l'âge de naissance tandis que l'âge «corrigé» est l'âge auquel le bébé aurait dû naître.) Les bébés nés avant terme peuvent commencer à manger des aliments solides lorsqu'ils ont entre quatre et sept mois d'âge réel (âge calculé selon le jour de l'accouchement plutôt que selon la date prévue).

Aucun signe particulier n'indique que bébé est prêt pour le début du sevrage. Parlez-en avec votre médecin ou un professionnel de la santé bien avisé afin de ne pas commencer trop tôt. Il semble toutefois que le fait de ne pas trop attendre pour lui donner des aliments plus consistants pourrait aider à prévenir certaines difficultés alimentaires. Il est suggéré que les bébés ne mangent pas d'aliments solides grumeleux avant qu'ils aient neuf mois d'âge réel. En offrant à votre bébé des aliments qu'il peut manger avec ses doigts dès qu'il est en mesure de les accepter l'encouragera à découvrir plus rapidement une diversité de saveurs en plus de favoriser le développement de sa coordination œil-main.

À l'hôpital, les bébés prématurés reçoivent habituellement du lait maternel qui peut être enrichi au besoin de protéines, de vitamines et de minéraux, ou du lait maternisé spécial. Lorsqu'ils quittent l'hôpital, les petits qui ne sont pas nourris au sein se voient prescrire un lait maternisé particulier contenant une dose plus élevée en certains nutriments que la formule standard. Les bébés nés avant terme devant rattraper leur retard de croissance, ils nécessitent de plus grandes quantités de lait et un allaitement plus fréquent que les bébés nés à terme.

Il n'est pas bon de gaver bébé uniquement de purées de fruits et de légumes, ce qui pourrait causer l'élimination des nutriments procurés par le lait. Des aliments comme les œufs, le fromage, le yogourt grec et l'avocat contiennent beaucoup de nutriments, ce qui en fait des alliés idéals au cours du deuxième stade du sevrage. C'est aussi le cas des purées de pommes de terre ou de patates douces préparées avec du lait maternisé, du lait maternel ou un peu de beurre ou d'huile d'olive. Le riz pour bébés (enrichi de fer) mélangé au lait maternisé ou au lait maternel est bon pour le petit-déjeuner, mais ajoutez-y de la purée de fruits pour améliorer sa saveur. Contrairement à la croyance populaire, les bébés ne préfèrent pas nécessairement les aliments fades

Il est important que vous donniez à votre bébé des aliments qui sont de bonnes sources de protéines et de fer. Offrez-lui de la viande vers l'âge de six mois et du poisson un peu plus tard. Si vous ne voulez pas lui faire manger de viande ni de poisson, offrez-lui de petites quantités de purée de haricots ou de légumineuses. Faites-lui découvrir un large éventail d'aliments afin qu'il puisse jouir d'un bon équilibre nutritionnel sans devenir capricieux avec le temps.

6 mois: la première étape du sevrage

Le sevrage de votre bébé est une étape importante et excitante pour vous deux. En passant des aliments liquides aux aliments solides, votre petit s'apprête à découvrir un vaste univers de nouvelles saveurs.

Il n'y a rien de meilleur pour votre enfant que des aliments fraîchement cuisinés et vous verrez que les purées que je présente dans ce livre peuvent être préparées en un rien de temps. La plupart peuvent être congelées, ce qui vous évitera d'avoir à cuisiner tous les jours. En préparant vous-même les repas de votre bébé, vous serez rassuré quant à la qualité des ingrédients. De plus, les purées maison sont tellement meilleures que celles du commerce puisque celles-ci peuvent parfois traîner pendant plusieurs mois sur les tablettes.

Suivez les principales indications et fiez-vous ensuite à votre instinct. Aucun bébé ne ressemble à un autre et c'est toujours sa maman qui sait ce qui est bon pour lui.

6 MOIS

 8 PORTIONS

 CUISSON: 15–20 MIN

 PEUT ÊTRE CONGELÉ

Première purée de légumes

350 g (2 ½ tasses) de carottes, hachées

Cuire les carottes dans un panier cuit-vapeur ou une marguerite de 15 à 20 minutes, jusqu'à ce qu'elles soient tendres. (On peut aussi les mettre dans une casserole et couvrir d'eau à hauteur. Porter à ébullition, couvrir et laisser mijoter de 15 à 20 minutes, jusqu'à ce qu'elles soient tendres.)

Égoutter et, à l'aide du mélangeur, réduire en purée bien lisse avec un peu d'eau de cuisson. La quantité d'eau dépend de votre bébé; mettez-en un peu plus s'il a de la difficulté à avaler. Servir tiède.

Bon à savoir: Les carottes sont plus nutritives lorsqu'on les cuit avec un peu de matière grasse, comme une noix de beurre non salé, parce que le bêtacarotène est alors absorbé plus rapidement par l'organisme.

Les carottes sont un excellent aliment de sevrage parce que les bébés aiment tout naturellement leur bon goût sucré.

CONSEIL ÉCLAIR
Il n'est pas conseillé de retarder l'introduction d'aliments solides beaucoup plus tard que l'âge de six mois. Votre bébé doit apprendre à mastiquer et à avaler, et l'apprentissage de la mastication favorisera le développement de certains de ses muscles essentiels à la parole.

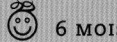

☺ 6 MOIS

🥣 1 PORTION

🕐 CUISSON: AUCUNE

❄ PEUT ÊTRE CONGELÉ

Le riz pour bébés est la première céréale que vous devez faire manger à votre enfant parce qu'elle ne contient pas de gluten, la partie protéique de certaines farines comme le blé, l'orge et le seigle pouvant causer une allergie alimentaire si on l'introduit avant l'âge de six mois.

CONSEIL ÉCLAIR
Lorsque vous commencez à donner des aliments solides à votre bébé, adaptez-vous à son rythme et consacrez suffisamment de temps à ses repas. Le réflexe de succion est naturel chez lui et il doit maintenant apprendre à faire passer les aliments solides que vous mettez sur le bout de sa langue vers l'arrière afin de pouvoir les avaler.

Purée crémeuse de légumes ou de fruits

1 c. à soupe de riz pour bébés
3 c. à soupe de lait maternel ou de lait maternisé
4 c. à soupe de purée de légumes ou de fruits
  (voir pages 23 ou 25)

Mélanger le riz et le lait selon le mode de cuisson inscrit sur l'emballage et bien mélanger avec la purée choisie.

6 MOIS

 6 PORTIONS

 CUISSON: 4–8 MIN

❄ PEUT ÊTRE CONGELÉ

Première purée de fruits

2 pommes ou poires moyennes, pelées,
  évidées et hachées
1 à 2 c. à soupe d'eau ou de jus de pomme non sucré
  (facultatif)

Mettre les fruits dans une casserole à fond épais
et, si on utilise des pommes, ajouter l'eau (les poires
mûres n'ont pas besoin de liquide additionnel).
Couvrir et cuire à feu doux jusqu'à ce qu'ils soient
tendres (environ 6 à 8 minutes pour les pommes
et 4 minutes pour les poires). Réduire en purée lisse
et servir tiède.

Bon à savoir: Les pommes et les poires renferment
de la pectine. Si votre bébé a des selles trop liquides,
la pectine l'aidera à avoir des selles de consistance
normale.

Les pommes sont un
bon aliment de sevrage
parce qu'elles se digèrent
facilement.

Pommes et poires à la cannelle

2 pommes
2 poires mûres
4 c. à soupe de jus de pomme non sucré ou d'eau
Une généreuse pincée de cannelle moulue (facultatif)

Mettre les fruits dans une casserole avec le jus de pomme et la cannelle. Couvrir et cuire à feu doux de 6 à 8 minutes, jusqu'à ce qu'ils soient tendres. Réduire en purée lisse.

 6 MOIS

 4 PORTIONS

 CUISSON: 6–8 MIN

 PEUT ÊTRE CONGELÉ

La purée de pommes et de poires est idéale comme premier aliment de sevrage parce qu'elle est facile à digérer et peu susceptible de causer des allergies. Choisissez des pommes sucrées comme la Pink Lady ou la Royal Gala. Certaines variétés telles que la Cox et la Granny Smith seront probablement trop acides pour votre bébé.

CONSEIL ÉCLAIR
On devrait toujours stériliser les cuillères de sevrage au cours des six premiers mois. Toutefois, si votre bébé sait ramper et a l'habitude de mettre différents objets dans sa bouche, il vous suffira de stériliser uniquement les biberons et les tétines. Les bols peuvent être lavés au lave-vaisselle ou dans une eau très chaude à 80 °C (176 °F).

6 MOIS

3 PORTIONS

CUISSON: 12 MIN

PEUT ÊTRE CONGELÉ

Il est recommandé de cuire le brocoli à la vapeur ou au micro-ondes. En bouillant, il perdra la moitié de son contenu en vitamine C. Si votre bébé n'aime pas ce légume, mélangez-le avec un autre ayant un goût plus sucré (patate douce, rutabaga, courge musquée, citrouille, potiron, etc.). Variez avec des patates douces, des petits pois ou des épinards.

6 MOIS

4 PORTIONS

CUISSON: 12 MIN OU 1 H 30 SELON LE MODE DE CUISSON

PEUT ÊTRE CONGELÉ

La courge musquée se mélange bien avec les petits pois ou le brocoli ainsi qu'avec des fruits comme les pommes ou les poires.

Patate douce et brocoli

200 g (1⅓ tasse) de patates douces, pelées et coupées en dés
60 g (¾ de tasse) de brocoli, en petits bouquets
1 c. à soupe de beurre non salé
1 à 2 c. à soupe de lait maternel ou de lait maternisé

Cuire les patates douces et le brocoli à la vapeur jusqu'à ce qu'ils soient tendres (environ 12 minutes pour les patates et de 7 à 8 minutes pour le brocoli). On peut aussi mettre les patates dans une casserole, couvrir d'eau à hauteur, laisser bouillir 4 minutes, ajouter le brocoli et poursuivre la cuisson de 7 à 8 minutes. Réduire en purée lisse avec le beurre et le lait.

Courge musquée

1 courge musquée de 450 g (1 lb), pelée, coupée en deux et épépinée
1 c. à soupe de beurre non salé (facultatif)
2 c. à soupe de jus d'orange, fraîchement pressé (facultatif)

Hacher la courge. Cuire à la vapeur ou faire bouillir environ 12 minutes, puis réduire en purée ou la couper en deux, badigeonner de beurre fondu, verser 1 c. à soupe de jus d'orange dans les cavités.

Couvrir de papier d'aluminium et cuire au four préchauffé à 180 °C/350 °F/gaz 4 environ 1 h 30 puis réduire en purée.)

 Bon à savoir: La courge musquée est facile à digérer et cause rarement des allergies en plus d'être une bonne source de bêtacarotène, de potassium et de vitamines C et E.

Trio de légumes-racines

200 g (1⅓ tasse) de patates douces, pelées et hachées
200 g (1½ tasse) de carottes, hachées
110 g (¾ de tasse) de panais, hachés

Cuire les légumes à la vapeur environ 20 minutes, jusqu'à ce qu'ils soient tendres. Vous pouvez également les mettre dans une casserole et couvrir d'eau à hauteur. Porter à ébullition, couvrir et cuire à feu moyen environ 20 minutes. Réduire en purée en ajoutant environ 80 ml (⅓ de tasse) d'eau de cuisson ou un peu de lait maternel ou maternisé pour obtenir la consistance idéale.

 Bon à savoir: La chair orange de la patate douce est une bonne source de vitamine C et de bêtacarotène en plus de contenir plus de nutriments que la pomme de terre ordinaire.

 6 MOIS

 6 PORTIONS

🕐 CUISSON: 20 MIN

❄ PEUT ÊTRE CONGELÉ

Les légumes-racines ont un goût naturellement sucré. Une fois réduits en purée, ils ont une belle consistance lisse, ce qui en fait de bons aliments de sevrage. De plus, ils sont rarement la cause d'allergies. Vous pouvez remplacer les patates douces par d'autres légumes comme le rutabaga, la citrouille ou le potiron.

Les fruits crus sont plus nourrissants que les fruits cuits parce qu'ils n'ont rien perdu de leurs éléments nutritifs. Vous pouvez mélanger deux fruits différents (voir recette Avocat ou papaye et banane à la page suivante).

Aliments pour bébés sans cuisson

Avocat

Couper un petit avocat bien mûr en deux, dénoyauter et prélever la chair. Écraser et mélanger avec un peu de lait maternel ou de lait maternisé.

💡 Bon à savoir: L'avocat n'est pas un légume mais plutôt un fruit qui renferme plus de nutriments que tous les autres. Il est une très bonne source de vitamine E, un antioxydant qui combat les radicaux libres en plus de renforcer le système immunitaire. Il est aussi riche en gras monoinsaturés, ces «bons gras» qui aident à prévenir les maladies du cœur. Sa teneur élevée en calories en fait un aliment idéal pour les bébés en pleine croissance.

Banane

Peler une petite banane et l'écraser à l'aide d'une fourchette. Au cours des premières étapes du sevrage, ajouter au besoin un peu de lait maternel ou de lait maternisé pour alléger la consistance de la purée tout en lui donnant un goût familier.

💡 Bon à savoir: Les bananes regorgent de sucres lents qui procurent une énergie soutenue. Elles aident aussi à traiter la diarrhée et la constipation.

Papaye

Couper une petite papaye en deux, retirer la pelure et les graines noires. Réduire la chair d'une demi-papaye en purée ou l'écraser à l'aide d'une fourchette jusqu'à consistance lisse.

Bon à savoir: La papaye contient de la papaïne, une enzyme capable de décomposer les molécules des protéines, ce qui facilite la digestion et le traitement de l'indigestion. Elle est riche en vitamine C et en bêtacarotène. Une portion de papaye de 75 g (3 oz) fournit au jeune enfant toute la quantité de vitamine C dont il a besoin au cours d'une journée. Ce fruit est riche en fibres solubles, lesquelles sont indispensables à une bonne fonction intestinale.

Avocat ou papaye et banane

½ avocat ou ½ petite papaye
½ petite banane mûre
1 à 2 c. à soupe de lait maternel ou de lait maternisé

Peler et dénoyauter l'avocat ou peler et épépiner la papaye. Écraser la chair avec la banane et le lait. Si on utilise de la papaye, il n'est pas nécessaire d'ajouter du lait.

6 et 7 mois: après les premiers essais

La période de sevrage devrait se faire avec la plus grande variété d'aliments possible. Après les premiers essais, vous pouvez commencer à introduire la plupart des fruits et légumes. Soyez toutefois prudent avec les agrumes, les ananas, les petits fruits et les kiwis, qui peuvent causer des maux d'estomac à certains bébés.

En plus des purées de fruits et de légumes, n'oubliez pas les aliments nutritifs plus caloriques, comme le yogourt et le fromage de lait entier, qui favoriseront la croissance rapide de votre enfant.

De plus, il est important d'offrir à votre petit des aliments riches en fer, comme la viande rouge, en n'oubliant pas que la carence en fer est la carence nutritionnelle la plus fréquente chez les bébés. Comme nous l'avons vu dans l'introduction, les bébés naissent avec une réserve en fer qui leur suffira au cours des six premiers mois de leur vie. Les besoins en fer des bébés sont particulièrement élevés entre l'âge de six mois et deux ans. Cette période étant particulièrement cruciale pour la croissance de leur cerveau, une alimentation insuffisante en fer pourrait nuire à leur bon développement mental.

Purées de légumes simples

Brocoli et chou-fleur

Cuire 250 g (3 ⅓ tasses) de petits bouquets de brocoli ou de chou-fleur à la vapeur (10 minutes) ou dans l'eau bouillante, à couvert (6 minutes.) Égoutter et réduire en purée. Cette purée peut aussi être mélangée avec des pommes de terre, des patates douces ou des carottes. Donne 6 portions.

Maïs en épi

Éplucher et rincer minutieusement l'épi de maïs. Couvrir d'eau, porter à ébullition et cuire à feu moyen 10 minutes. Égoutter, puis retirer les grains à l'aide d'un couteau bien affûté. Réduire en purée à l'aide d'un moulin à légumes. Peut être mélangée avec des carottes, des poireaux et des pommes de terre et/ou du poulet. Donne 2 portions.

Courgette

Cuire 250 g (2 tasses) de tranches de courgette à la vapeur (10 minutes) ou dans l'eau bouillante, à couvert (6 minutes). Égoutter et réduire en purée. Cette purée peut aussi être mélangée avec des patates douces, des pommes de terre, des poireaux ou des petits pois. Donne 8 portions.

Petits pois

Les petits pois congelés sont aussi nutritifs que les frais. Couvrir 250 g (1 ½ tasse) de petits pois avec de l'eau et porter à ébullition. Couvrir et laisser mijoter 4 minutes, (environ 15 minutes si on utilise des petits pois frais) jusqu'à tendreté. Égoutter et réserver un peu du liquide de cuisson. Réduire en purée à l'aide d'un moulin à légumes. Cette purée peut aussi être mélangée avec des patates douces, des pommes de terre ou des carottes. Donne 2 portions.

Épinard

Laver minutieusement 110 g (4 tasses) de feuilles d'épinards et retirer les tiges coriaces. Cuire de 3 à 4 minutes à la vapeur ou dans une casserole contenant un peu d'eau. Presser les épinards pour retirer le surplus de liquide, puis réduire en purée. Cette purée peut aussi être mélangée avec des patates douces, des pommes de terre ou de la courge musquée. Donne 1 portion.

Patate douce, rutabaga ou panais

Prendre 1 grosse patate douce, 1 petit rutabaga ou 2 panais. Brosser et peler les légumes, puis les hacher en petits cubes. Cuire à la vapeur environ 12 minutes, jusqu'à tendreté ou les cuire dans une casserole d'eau bouillante, à couvert, environ 15 minutes. Égoutter et réserver l'eau de cuisson. Réduire en purée à l'aide du mélangeur en ajoutant un peu d'eau de cuisson au besoin. Donne 4 portions.

Tomate

Peler, épépiner et hacher grossièrement 2 tomates moyennes. Faire fondre une noix de beurre non salé dans une casserole à fond épais. Faire sauter les tomates jusqu'à ce qu'elles commencent à se défaire. Réduire en purée à l'aide du mélangeur. Cette purée peut aussi être mélangée avec des pommes de terre, du chou-fleur ou des courgettes et un peu de fromage râpé qu'on aura préalablement fait fondre dans les tomates cuites. Donne 1 portion.

L'abricot peut être amer; il vaut mieux y goûter d'abord et ne l'offrir à votre bébé que s'il est sucré. La mangue est naturellement sucrée et facile à digérer mais assurez-vous de la choisir bien mûre. Les melons Galia et charentais sont également de bons choix puisqu'ils sont naturellement sucrés.

Purées de fruits simples

Abricots frais

Peler 2 gros abricots, puis réduire en purée à l'aide du pied-mélangeur. Cette purée se marie bien avec les bananes.

Bon à savoir: Les abricots sont riches en bêtacarotène en plus d'être une bonne source de fer et de potassium. Les abricots séchés contiennent beaucoup de fibres et sont particulièrement nourrissants.

Mangue

Peler le fruit et le couper en deux en passant le couteau de chaque côté du noyau. Couper la moitié de la mangue en cubes et réduire en purée. Cette purée se marie bien avec les bananes, les fraises et le yogourt.

Bon à savoir: La mangue est riche en vitamines A et C.

Melon

Prendre un petit quartier de melon, retirer les graines et séparer la chair de l'écorce. Jeter la chair verte qui est sous l'écorce. Écraser ou réduire en purée. Cette purée se marie bien avec les fraises et les bananes.

Bon à savoir: Le cantaloup est plus nourrissant que les autres variétés de melons. Il est riche en vitamine C en plus de fournir du bêtacarotène et du potassium.

Pêche ou nectarine

Peler un petit fruit mûr et hacher la chair. Réduire en purée à l'aide du mélangeur ou écraser à l'aide d'une fourchette. Cette purée se marie bien avec les fraises, les bananes et les bleuets (myrtilles).

Prune

Peler 2 grosses prunes, puis hacher la chair. Les prunes suffisamment tendres et juteuses peuvent être mises en purée sans cuisson préalable, sinon on les cuit à la vapeur quelques minutes jusqu'à tendreté. Cette purée se marie bien avec le riz pour bébés, les bananes ou le yogourt.

Fruits séchés (abricot, pêche ou pruneau)

Couvrir 110 g (¼ de lb) de fruits avec de l'eau et porter à ébullition. Laisser mijoter environ 5 minutes, jusqu'à tendreté. Égoutter (dénoyauter les pruneaux si ce n'est déjà fait) et réduire en purée. Ajouter un peu du liquide de cuisson pour obtenir une purée lisse. On peut mélanger cette purée avec du riz pour bébés et du lait, des bananes ou encore de la purée de poires ou de pommes.

Contrairement à la plupart des légumes, les carottes cuites sont plus nourrissantes que les crues. La cuisson brise leurs cellules, ce qui permet aux antioxydants et aux autres nutriments d'être absorbés plus facilement par l'organisme. Il est recommandé de cuire les rutabagas (choux-navets) à la vapeur au lieu de les faire bouillir puisque leur vitamine C hydrosoluble se perdrait dans l'eau de cuisson.

Dans cette recette, vous pouvez remplacer le rutabaga (chou-navet) par des patates douces ou de la courge musquée.

Rutabagas, carottes et petits pois

250 g (1²/₃ tasse) de rutabagas (choux-navets), hachés
250 g (1²/₃ tasse) de carottes, hachées
75 g (½ tasse) de petits pois congelés

Cuire les rutabagas et les carottes dans un panier cuit-vapeur ou une marguerite pendant 15 minutes. (On peut aussi les mettre dans une casserole et les couvrir d'eau à hauteur. Porter à ébullition, puis laisser mijoter à couvert environ 15 minutes. Ajouter les petits pois et cuire 5 minutes de plus.)

À l'aide du mélangeur, réduire en purée en ajoutant un peu d'eau de cuisson pour obtenir la consistance voulue. Pour les tout jeunes bébés, on peut utiliser un moulin à légumes afin d'éliminer la cosse des petits pois.

Bon à savoir: Une grosse carotte fournit la quantité de vitamine A recommandée quotidiennement pour un adulte. Le rutabaga est quant à lui une bonne source de vitamine C.

Purée de carottes à l'orange

6–7 MOIS

6 PORTIONS

CUISSON: 24 MIN

PEUT ÊTRE CONGELÉ

1 petit oignon, en tranches
1½ c. à soupe de beurre non salé
450 g (3 tasses) de carottes, hachées
375 ml (1½ tasse) de Bouillon de légumes (page 123)
  ou de Bouillon de poulet (page 124)
60 ml (¼ de tasse) de jus d'orange, fraîchement pressé

Faire sauter les oignons dans le beurre jusqu'à ce qu'ils soient tendres. Ajouter les carottes et faire sauter de 3 à 4 minutes. Verser le bouillon et porter à ébullition. Baisser le feu et laisser mijoter environ 20 minutes, jusqu'à ce que les carottes soient tendres. Ajouter le jus d'orange, puis réduire en purée à l'aide du mélangeur.

Bon à savoir: Les carottes améliorent la vision nocturne. Elles sont une excellente source de bêtacarotène, un pigment végétal qui se convertit en vitamine A dans l'organisme. L'un des premiers symptômes d'une carence alimentaire en vitamine A est la cécité nocturne (héméralopie).

Vous pouvez remplacer les pommes de terre de cette recette par des patates douces, de la courge musquée, de la citrouille ou du potiron.

Pommes de terre, courgettes et petits pois

50 g (⅓ de tasse) d'oignons, hachés finement
1 c. à soupe de beurre non salé
50 g (⅓ de tasse) de courgettes, en fines tranches
150 g (1 tasse) de pommes de terre, pelées et hachées
125 ml (½ tasse) de Bouillon de légumes (page 124) ou
* de Bouillon de poulet (page 125)*
25 g (2 c. à soupe) de petits pois congelés

Faire sauter les oignons dans le beurre environ 3 minutes, jusqu'à ce qu'ils soient tendres. Ajouter les courgettes et faire sauter 1 minute. Ajouter les pommes de terre et le bouillon, couvrir et laisser mijoter 12 minutes. Incorporer les petits pois, porter à ébullition, baisser le feu et cuire 3 minutes. Réduire en purée à l'aide du mélangeur.

💡 Bon à savoir: Toutes les courges à chair jaune contiennent beaucoup de bêtacarotène tandis que la pelure des courgettes en renferme une petite quantité. Il est donc préférable de ne pas peler les courgettes avant de les cuire et de les manger.

La citrouille de Cendrillon

1 c. à soupe de beurre non salé
50 g (½ tasse) de blanc de poireau, en tranches
225 g (1¾ tasse) de citrouille, de potiron ou de courge
musquée, pelé et coupé en cubes
160 ml (⅔ de tasse) de Bouillon de légumes (page 124)
ou de Bouillon de poulet (page 125)

Faire fondre le beurre dans une casserole et faire sauter les poireaux jusqu'à ce qu'ils soient tendres et légèrement dorés. Ajouter la citrouille et cuire 2 minutes. Verser le bouillon, porter à ébullition, couvrir et laisser mijoter environ 30 minutes, jusqu'à tendreté. Réduire en purée pour les jeunes bébés ou écraser à l'aide d'une fourchette pour les bébés plus âgés.

 6–7 MOIS

 3–4 PORTIONS

 CUISSON: 32 MIN

 PEUT ÊTRE CONGELÉ

Préparez une soupe pour votre famille avec les restes de cette recette. La citrouille peut être remplacée par du potiron ou de la courge musquée. Pour obtenir un plat plus protéiné, ajoutez 60 g (⅓ de tasse) de blanc de volaille (poitrine) haché en même temps que la citrouille, le potiron ou la courge. Couvrir et laisser mijoter 15 minutes au lieu de 30.

Patate douce, épinards et petits pois

 6–7 MOIS

 5 PORTIONS

 CUISSON: 14 MIN

 PEUT ÊTRE CONGELÉ

1 ½ c. à soupe de beurre non salé
50 g (½ tasse) de poireaux, en fines tranches
375 g (2 ½ tasses) de patates douces, pelées et hachées
50 g (⅓ de tasse) de petits pois congelés
75 g (2 ½ tasses) de jeunes pousses d'épinards (retirer les tiges coriaces)

Faire fondre le beurre dans une casserole et faire sauter les poireaux de 2 à 3 minutes, jusqu'à ce qu'ils soient tendres. Ajouter les patates douces et 180 ml (¾ de tasse) d'eau, porter à ébullition, couvrir et laisser mijoter de 7 à 8 minutes. Ajouter les petits pois et les épinards et cuire 3 minutes. À l'aide du mélangeur, réduire en purée lisse en ajoutant un peu du liquide de cuisson au besoin.

Bon à savoir: Les légumes congelés comme les petits pois sont aussi bons pour la santé que les légumes frais puisqu'ils sont congelés quelques heures à peine après leur cueillette, ce qui préserve leurs éléments nutritifs. Une fois cuits, ils peuvent être congelés de nouveau.

Afin d'habituer progressivement votre bébé au goût des épinards, mélangez-les avec des légumes à la saveur plus sucrée comme les patates douces. On peut remplacer les épinards par du brocoli dans cette recette.

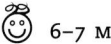

Utilisez un moulin à légumes pour rendre cette purée plus facile à digérer et lui donner une consistance veloutée qui plaira aux petits bébés.

CONSEIL ÉCLAIR
L'eau est une excellente boisson pour les bébés. Faites bouillir de l'eau du robinet et laissez-la refroidir à température ambiante. Les bébés nourris exclusivement au sein n'ont pas besoin de boire d'eau jusqu'à ce qu'ils commencent à manger des aliments solides.

Pommes de terre, carottes et maïs

1 ½ c. à soupe de beurre non salé
50 g (⅓ de tasse) d'oignons, hachés
175 g (1 ¼ tasse) de carottes, hachées
200 g (1 ⅓ tasse) de pommes de terre, pelées et hachées
250 ml (1 tasse) de Bouillon de légumes (page 124)
  ou d'eau
50 g (3 c. à soupe) de maïs en conserve ou congelé
1 à 2 c. à soupe de lait

Faire fondre le beurre dans une poêle et faire sauter les oignons 1 minute. Ajouter les carottes et faire sauter 5 minutes. Incorporer les pommes de terre et le bouillon et cuire à feu moyen 15 minutes. Ajouter le maïs et cuire 5 minutes. À l'aide d'un moulin à légumes, réduire le tout en purée lisse et ajouter le lait pour obtenir la consistance voulue.

Bon à savoir: Le maïs est une bonne source de bêtacarotène et de fibres.

Ce savoureux mélange de poisson et de légumes apprêtés avec une sauce au fromage doux plaît beaucoup aux bébés.

CONSEIL ÉCLAIR

Si votre enfant souffre d'une allergie ou d'une intolérance alimentaire, assurez-vous d'en informer toutes les personnes qui prennent soin de lui.

Filet de poisson et légumes à la sauce au fromage

1 c. à soupe de beurre non salé
50 g (½ tasse) de poireaux, en fines tranches
110 g (½ tasse) de carottes, hachées
250 ml (1 tasse) d'eau bouillante
50 g (⅓ de tasse) de petits pois congelés
150 g (5 oz) de filet de morue, de plie, de merlu
*   ou d'églefin, sans peau*
160 ml (⅔ de tasse) de lait
3 grains de poivre noir
1 feuille de laurier
1 brin de persil frais
1½ c. à soupe de beurre non salé
1 c. à soupe de farine
50 g (1½ c. à soupe) de cheddar, râpé

Faire fondre le beurre dans une casserole et faire sauter les poireaux de 2 à 3 minutes. Ajouter les carottes, couvrir avec l'eau bouillante et cuire 15 minutes. Ajouter les petits pois et cuire 5 minutes.

Mettre le poisson dans une casserole avec le lait, les grains de poivre, le laurier et le persil. Laisser mijoter de 3 à 4 minutes. Effeuiller le poisson et réserver l'eau de cuisson à part. Jeter les aromates.

Préparer la sauce au fromage (voir méthode page 71).

Égoutter les légumes et mélanger avec le poisson et la sauce au fromage. Pour les jeunes bébés, réduire le tout en purée suffisamment lisse ou hacher le mélange pour ceux qui commencent à savoir mastiquer les aliments.

Poulet aux pommes et aux patates douces

Le poulet se marie bien avec les pommes. L'ajout de patates douces donne une texture plus veloutée à ce mets.

1 c. à soupe de beurre non salé
40 g (¼ de tasse) d'oignons, hachés
110 g (⅔ de tasse) de blanc de volaille (poitrine), haché
300 g (2 tasses) de patates douces, pelées et hachées
½ pomme, pelée et hachée
180 ml (¾ de tasse) de Bouillon de poulet (page 125)

Chauffer le beurre dans une casserole et faire sauter les oignons de 2 à 3 minutes. Ajouter le poulet et faire sauter quelques minutes de plus, jusqu'à ce que la chair soit opaque. Incorporer les patates douces et les pommes, puis verser le bouillon. Porter à ébullition, couvrir et laisser mijoter 15 minutes. Réduire en purée selon la consistance voulue.

Bon à savoir: Riche en protéines et en vitamine B12, le poulet est un aliment idéal pour la croissance des enfants. On trouve la vitamine B12 uniquement dans les aliments d'origine animale.

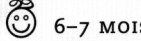 **6–7 MOIS**

1 PORTION
(SAUF INDICATION CONTRAIRE)

CUISSON: AUCUNE

NE PEUT ÊTRE CONGELÉ

Certaines purées sont particulièrement faciles à préparer puisqu'elles ne requièrent aucune cuisson. Vous trouverez de savoureux mélanges de fruits très nourrissants aux pages 54 et 55. Ces purées conviennent autant au petit-déjeuner qu'à l'heure du dessert et on peut aussi les mélanger avec du riz pour bébés. Goûtez aux fruits choisis pour vous assurer qu'ils sont sucrés et bien mûrs. Pour les purées contenant du yogourt, achetez toujours du yogourt nature de lait entier. Le yogourt grec et les marques destinées aux bébés sont aussi de bons choix. Les pêches fraîches et les abricots séchés sont exquis avec le yogourt.

Purées minute sans cuisson

La banane est l'aliment de base de la plupart des purées suivantes. Elle se prépare en un rien de temps, est facile à digérer et peu susceptible de causer des allergies. Elle est aussi facile à emporter puisque sa pelure lui sert d'emballage naturel.

Banane et bleuets

2 c. à soupe de bleuets (myrtilles)
1 petite banane mûre, en tranches

Mettre les bleuets dans une casserole avec 1 c. à soupe d'eau. Cuire environ 2 minutes, jusqu'à ce que les fruits commencent à éclater. À l'aide du pied-mélangeur, réduire les bleuets et les bananes en purée lisse.

Banane et mangue ou papaye

1 petite banane
75 g (½ tasse) de mangue, pelée
  et dénoyautée (ou de papaye, pelée
  et épépinée)

Couper les fruits en tranches et bien mélanger à l'aide du pied-mélangeur.

Banane, pêche et fraises

1 petite banane, en tranches
1 pêche mûre, pelée et dénoyautée
2 fraises, équeutées et coupées en quartiers

Bien mélanger les fruits à l'aide du pied-mélangeur.

Banane et pomme

1 petite banane, en tranches
2 à 3 c. à soupe de purée de pommes
  (voir page 25)

Écraser simplement la banane avec la purée de pommes.

Cantaloup et fraises

½ cantaloup mûr, pelé, épépiné et haché
3 fraises, équeutées et coupées en quartiers
1 à 2 c. à soupe de riz pour bébés

Bien mélanger les fruits à l'aide du pied-mélangeur. Incorporer le riz pour épaissir la purée.

Banane, avocat et yogourt

½ petite banane, en tranches
½ petit avocat mûr
1 à 2 c. à soupe de yogourt nature grec

Écraser la banane ou la réduire en purée avec l'avocat, puis incorporer le yogourt.

Mangue et yogourt

½ petite mangue mûre, pelée et hachée
3 ou 4 c. à soupe de yogourt nature
   de lait entier

Réduire la mangue en purée à l'aide du pied-mélangeur, puis bien mélanger avec le yogourt. Donne 2 portions.

Banane et poire

½ petite banane, en tranches
½ poire mûre, pelée, évidée et hachée

Écraser la banane ou la réduire en purée avec les poires.

Note: Servez immédiatement les purées contenant des bananes afin que leur belle couleur ne soit pas altérée. Les petits points noirs sur la pelure des bananes indiquent qu'elles sont bien mûres.

Banane et tofu

1 petite banane mûre
50 g (2 oz) de tofu soyeux

Écraser la banane et mélanger avec le tofu. On peut remplacer la banane par d'autres fruits comme la mangue ou la pêche.

Bon à savoir: Les végétariens savent que le tofu est bon pour la santé. On le fabrique en faisant coaguler du «lait de soja». Riche en protéines, le tofu peut remplacer judicieusement la viande et il contient plusieurs éléments nutritifs, dont le fer, le potassium et le calcium.

Cette purée est particulièrement délicieuse lorsqu'on la prépare avec des pêches mûres et sucrées de saison. Leur sucre naturel en fait l'une des préférées des tout-petits.

CONSEIL ÉCLAIR

Il est recommandé de ne mettre aucun autre liquide que du lait ou de l'eau dans un biberon. Les boissons sucrées sont la principale cause de carie dentaire chez les tout-petits. Il est bon que votre enfant commence à utiliser une tasse pour bébés munie d'un couvercle et d'un bec verseur dès l'âge de six ou sept mois et qu'il apprenne progressivement à boire dans une tasse ordinaire.

Pêche et banane

1 pêche mûre, pelée, dénoyautée et coupée
 en morceaux
1 petite banane, en tranches
½ c. à soupe de jus de pomme non sucré
Un peu de riz pour bébés (facultatif)

Mettre les pêches, les bananes et le jus de pomme dans une petite casserole. Couvrir et laisser mijoter de 2 à 3 minutes, puis réduire en purée à l'aide du mélangeur. Si la consistance est trop liquide, incorporer un peu de riz pour bébés.

Bon à savoir: Les pêches sont une bonne source de vitamine C en plus d'être faciles à digérer.

Pomme, pêche et fraises

1 grosse pomme, pelée, évidée et hachée
1 grosse pêche, pelée, dénoyautée et hachée
75 g (½ tasse) de fraises, équeutées et coupées
  en quartiers
1 c. à soupe de riz pour bébés

Mettre les fruits dans une casserole, couvrir et cuire à feu doux environ 5 minutes. Réduire en purée à l'aide du mélangeur, puis incorporer le riz pour bébés.

Bon à savoir: Les fraises renferment plus de vitamine C que les autres petits fruits et elles aident à renforcer le système immunitaire de votre enfant. Elles contiennent aussi de l'acide ellagique, qui contribuerait à prévenir le cancer.

 6–7 MOIS

 4 PORTIONS

 CUISSON: 5 MIN

 PEUT ÊTRE CONGELÉ

Vous pouvez émietter finement un pain bâton pour bébés et le mélanger avec cette purée de fruits en remplacement du riz.

Pour faire une purée de poires et de fraises, peler et hacher 2 poires mûres et les mettre dans une casserole avec 50 g (⅓ de tasse) de fraises équeutées et coupées en quartiers. Cuire de 3 à 4 minutes. Réduire en purée à l'aide du mélangeur, puis incorporer 2 c. à soupe de riz pour bébés pour épaissir.

Cette recette est idéale pour initier les jeunes bébés au goût du poulet.

Casserole de poulet minute

50 g (½ tasse) de poireaux, en fines tranches
1 c. à soupe de beurre non salé
110 g (⅔ de tasse) de blanc de volaille (poitrine),
* en morceaux*
1 carotte moyenne, en tranches
275 g (1¾ tasse) de patates douces, pelées et hachées
310 ml (1¼ tasse) de Bouillon de poulet (page 125)

Faire sauter les poireaux dans le beurre jusqu'à ce qu'ils soient tendres. Ajouter le poulet et faire sauter de 3 à 4 minutes. Ajouter les légumes et le bouillon, puis porter à ébullition. Couvrir et laisser mijoter environ 30 minutes, jusqu'à ce que le poulet et les légumes soient cuits et tendres. À l'aide du mélangeur, réduire en purée de la consistance voulue.

Pêche, poire et bleuets

1 pêche mûre et juteuse, pelée, dénoyautée et hachée
1 poire moyenne mûre, pelée, évidée et hachée
50 g (⅓ de tasse) de bleuets (myrtilles)
2 à 3 c. à soupe de riz pour bébés

Mettre les fruits dans une petite casserole, couvrir et cuire à feu doux de 3 à 4 minutes en remuant de temps à autre. Réduire en purée à l'aide du mélangeur et incorporer le riz pendant que la purée est encore chaude.

Bon à savoir: Le bleuet (myrtille) est une bonne source de vitamine C et contient du bêtacarotène. Il possède la plus haute teneur en antioxydants parmi tous les fruits à cause, principalement, de la présence d'un pigment bleu appelé anthocyane dans sa peau.

Les fruits tendres comme la pêche et la poire donnent souvent une purée trop liquide qu'on épaissira facilement en y ajoutant un peu de riz pour bébés.

CONSEIL ÉCLAIR
Les jus de fruits sont une bonne source de vitamine C, mais n'oubliez pas que les jus et les autres boissons peuvent diminuer l'appétit de votre bébé. Le jus de fruits est acide et renferme des sucres naturels pouvant causer la carie dentaire. Il est recommandé de ne pas leur donner de jus avant l'âge de six mois d'autant plus que certains petits peuvent parfois avoir du mal à digérer les agrumes. Tous les jus de fruits devraient être dilués dans une proportion de cinq parties d'eau pour une partie de jus.

6–7 MOIS

 4 PORTIONS

 CUISSON: 5–6 MIN

 PEUT ÊTRE CONGELÉ

Abricot, pomme, poire et vanille

75 g (²⁄₃ de tasse) d'abricots séchés prêts-à-manger, hachés
1 grosse pomme, pelée, évidée et hachée
1 gousse de vanille
4 c. à soupe de jus de pomme non sucré ou d'eau
1 grosse poire mûre, pelée, évidée et hachée

Mettre les abricots, les pommes et le jus de pomme dans une casserole à fond épais. Fendre la gousse de vanille et racler les graines à l'aide d'un petit couteau pointu. Mettre la gousse et les graines dans la casserole. Porter à ébullition, couvrir et laisser mijoter de 3 à 4 minutes. Ajouter les poires et laisser mijoter 2 minutes. Retirer la gousse de vanille avant de réduire le tout en purée à l'aide du mélangeur.

Servez cette purée telle quelle ou mélangez-la avec du riz pour bébés, du yogourt nature grec ou de la purée de bananes. La gousse de vanille donne aux fruits une saveur exquise.

7 à 9 mois: la deuxième étape du sevrage

Si votre bébé s'assoit sans soutien, vous pouvez placer une chaise d'enfant ou une chaise haute près de la table afin qu'il puisse socialiser avec les autres membres de la famille à l'heure des repas.

Il est temps de commencer à l'initier aux aliments qui ont une texture plus consistante ou qui ne sont plus parfaitement lisses. S'il n'a pas faim à l'heure des repas, réduisez sa quantité de lait afin qu'il ait envie de manger ses aliments solides sans faire de caprices. Vous devez toutefois toujours lui faire boire au moins 500 à 600 ml (18 à 20 oz) de lait par jour.

Essayez de lui donner chaque jour deux ou trois portions d'aliments riches en féculents (pommes de terre, riz, pâtes ou pain). Les fruits et les légumes se mangent facilement avec les mains (voir ci-après) et ils devraient faire partie d'au moins deux de ses repas quotidiens. Votre bébé devrait aussi bénéficier chaque jour d'une portion de protéines: viande, poisson, œuf bien cuit ou légumineuses (haricots ou lentilles).

Si votre bébé est capable de tenir des objets dans sa main, vous pouvez commencer à lui donner des aliments qu'il pourra manger avec ses doigts:

- Pomme, poire ou banane pelée
- Raisins sans pépins
- Fruits séchés: raisins ou abricots
- Cubes de fromage
- Pain grillé, coupé en bandes
- Légumes crus ou cuits à la vapeur: bâtonnets de carotte ou de concombre, bouquets de brocoli
- Sandwichs miniatures
- Galettes de riz

7–9 MOIS

 5 PORTIONS

 CUISSON: 25 MIN

 PEUT ÊTRE CONGELÉ

Les jeunes bébés ayant parfois du mal à digérer les lentilles, il est recommandé de les mélanger avec une bonne quantité de légumes frais, comme dans cette recette. Vous pouvez transformer cette purée en soupe délicieuse pour votre famille en y ajoutant simplement plus de bouillon et quelques assaisonnements.

CONSEIL ÉCLAIR

Les tout premiers aliments que l'on donne à un bébé végétarien sont les mêmes que pour tous les autres bébés. Mais vers l'âge de sept mois, on commence à lui faire manger des protéines; au lieu de la viande, on lui offre plutôt des produits laitiers, des œufs et des lentilles.

Lentilles et patates douces

50 g (⅓ de tasse) d'oignons, hachés finement
100 g (⅔ de tasse) de carottes, hachées
½ c. à soupe de céleri, haché
1 c. à soupe d'huile végétale
50 g (¼ de tasse) de lentilles rouges cassées
250 g (1 ⅔ tasse) de patates douces, pelées et hachées
410 ml (1 ⅔ tasse) de Bouillon de légumes (page 124),
   de Bouillon de poulet (page 125) ou d'eau

Faire sauter les oignons, les carottes et le céleri dans l'huile environ 5 minutes, jusqu'à ce qu'ils soient tendres. Ajouter les lentilles, les patates douces et le bouillon. Porter à ébullition, baisser le feu, couvrir et laisser mijoter 20 minutes. Réduire en purée à l'aide du mélangeur.

Bon à savoir: Les lentilles sont une source de protéines peu coûteuse. Elles contiennent aussi du fer, un élément très important pour le développement du cerveau, et ce, tout particulièrement entre l'âge de six mois et de deux ans.

Pommes de terre, poireaux, carottes et petits pois

Les pommes de terre se marient bien avec la plupart des légumes. Pelez-les juste avant de les faire cuire et ne les laissez pas tremper dans l'eau afin de préserver leur vitamine C.

1 ½ c. à soupe de beurre non salé
60 g (⅔ de tasse) de poireaux, en tranches
175 g (1 ¼ tasse) de pommes de terre, pelées et coupées en dés
1 carotte moyenne, en tranches
310 ml (1 ¼ tasse) de Bouillon de légumes (page 124) ou de Bouillon de poulet (page 125)
50 g (⅓ de tasse) de petits pois congelés

Faire fondre le beurre dans une casserole et faire sauter les poireaux de 3 à 4 minutes. Ajouter les pommes de terre, les carottes et le bouillon. Porter à ébullition, baisser le feu, couvrir et cuire 10 minutes. Ajouter les petits pois et cuire environ 6 minutes, jusqu'à ce que tous les légumes soient tendres. Réduire en purée à l'aide du robot culinaire.

Bon à savoir: Les pommes de terre contiennent de la vitamine C en plus d'être une source intéressante de potassium.

7–9 MOIS

4 PORTIONS

CUISSON: 18 MIN

PEUT ÊTRE CONGELÉ

Tomates et carottes au basilic

125 g (1 tasse) de carottes, en tranches
100 g (1 ⅓ tasse) de chou-fleur, en petits bouquets
1½ c. à soupe de beurre non salé
200 g (1¼ tasse) de tomates mûres, pelées, épépinées
*   et hachées grossièrement*
2 ou 3 feuilles de basilic
50 g (1½ c. à soupe) de cheddar, râpé

Dans une petite casserole, porter à ébullition les carottes recouvertes d'eau. Laisser mijoter 10 minutes à couvert. Ajouter le chou-fleur, couvrir et cuire de 7 à 8 minutes en ajoutant un peu d'eau au besoin. Pendant ce temps, faire fondre le beurre dans une autre casserole et faire sauter les tomates jusqu'à ce qu'elles commencent à se défaire. Incorporer le basilic, puis ajouter le fromage et remuer jusqu'à ce qu'il soit fondu. Réduire les légumes en purée avec la sauce tomate et environ 3 c. à soupe du liquide de cuisson.

Si vous habituez très tôt votre bébé à de nouvelles saveurs, il sera de moins en moins capricieux avec le temps. La saveur sucrée des carottes et le goût acidulé des tomates se marient bien avec la douceur naturelle du chou-fleur.

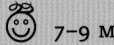

4 PORTIONS

CUISSON: 21 MIN

PEUT ÊTRE CONGELÉ

Introduisez les légumes verts très tôt dans l'alimentation de votre enfant. S'il trouve leur goût trop prononcé, mélangez-les avec d'autres légumes plus doux (ex.: brocoli et pomme de terre). Vous pouvez aussi faire cette purée en remplaçant le brocoli par des courgettes.

Purée de légumes verts

40 g (¼ de tasse) d'oignons, hachés

1 c. à soupe de beurre non salé

250 g (1 ⅔ tasse) de pommes de terre, pelées et coupées en dés

375 ml (1½ tasse) de Bouillon de légumes (page 124) ou d'eau

50 g (⅔ de tasse) de brocoli, en petits bouquets

50 g (⅓ de tasse) de petits pois congelés

50 g (1 ⅔ tasse) d'épinards frais

Faire sauter les oignons dans le beurre environ 5 minutes pour les attendrir sans les faire dorer. Ajouter les pommes de terre et le bouillon. Couvrir, porter à ébullition et cuire 10 minutes. Ajouter le brocoli et cuire 3 minutes. Ajouter les petits pois et les épinards et cuire 3 minutes. Réduire en purée avec suffisamment de liquide de cuisson pour obtenir la consistance voulue.

Mini-minestrone

 7–9 MOIS

 3 PORTIONS

 CUISSON: 28 MIN

 PEUT ÊTRE CONGELÉ

1 c. à soupe d'huile d'olive
50 g (⅓ de tasse) d'oignons, en dés
1 gousse d'ail, écrasée
75 g (½ tasse) de carottes, en dés
25 g (2 c. à soupe) de céleri, en dés
25 g (1 c. à soupe) de haricots verts, équeutés, effilés
   et coupés en petits morceaux
125 g (¾ de tasse) de pommes de terre, en dés
1 c. à thé (à café) de purée de tomates
250 ml (1 tasse) de Bouillon de poulet (page 125)
   ou de Bouillon de légumes (page 124)
2 c. à soupe de pâtes miniatures en forme d'étoile
25 g (2 c. à soupe) de petits pois congelés
1 c. à soupe de parmesan, fraîchement râpé

Les légumes sont ici coupés en petits dés afin que les bébés plus âgés puissent les mastiquer sans difficulté. Pour les plus jeunes, on peut passer la soupe au mélangeur jusqu'à consistance voulue.

Chauffer l'huile dans une casserole et faire sauter les oignons et l'ail 1 minute. Ajouter les carottes et le céleri et cuire 5 minutes. Ajouter les haricots verts, les pommes de terre et la purée de tomates. Cuire 2 minutes, puis verser le bouillon. Porter à ébullition et laisser mijoter 10 minutes. Ajouter les pâtes et cuire 5 minutes. Incorporer les petits pois et cuire 5 minutes. Ajouter le fromage. Servir tel quel ou en purée pour les tout jeunes bébés.

Le gras est tout aussi nécessaire à la bonne alimentation de votre enfant que les fruits, les légumes, les glucides et les protéines. Les matières grasses sont essentielles à sa croissance et à son bon développement. Les bébés et les jeunes enfants requièrent proportionnellement plus de gras que les adultes. Voilà pourquoi des plats tels que des légumes à la sauce au fromage ou des fruits mélangés avec du yogourt grec sont tout désignés pour votre petit.

Purée de légumes aux tomates et au fromage

200 g (1½ tasse) de carottes, hachées
75 g (1 tasse) de chou-fleur, en petits bouquets
75 g (⅓ de tasse) de courgettes, en tranches
1 c. à soupe de beurre non salé
250 g (1½ tasse) de tomates mûres, pelées, épépinées
  et hachées
50 g (1½ c. à soupe) de cheddar, râpé

Cuire les carottes dans un panier cuit-vapeur ou une marguerite pendant 10 minutes. Si l'on utilise un panier multi-étages, mettre le chou-fleur et les courgettes dans le panier au-dessus des carottes (sinon les mélanger avec celles-ci) et cuire de 7 à 8 minutes. (On peut aussi mettre les carottes dans une casserole, couvrir d'eau et laisser bouillir 12 minutes. Ajouter le chou-fleur et les courgettes et laisser bouillir 8 minutes.)

Faire fondre le beurre dans une casserole et faire sauter les tomates environ 2 minutes, jusqu'à ce qu'elles commencent à se défaire. Incorporer le fromage et remuer jusqu'à ce qu'il soit fondu. Mélanger les carottes avec le chou-fleur et les courgettes, ajouter la sauce tomate et bien remuer.

Légumes à la sauce au fromage

 7–9 MOIS

 4 PORTIONS

 CUISSON: 7–10 MIN

 PEUT ÊTRE CONGELÉ

1 carotte moyenne, en tranches
50 g (²/₃ de tasse) de brocoli, en petits bouquets
75 g (1 tasse) de chou-fleur, en petits bouquets
50 g (4 c. à soupe) de petits pois congelés

Sauce au fromage
1 c. à soupe de beurre non salé
1 c. à soupe de farine
180 ml (¾ de tasse) de lait
40 g (⅓ de tasse) de cheddar, râpé

Cuire les carottes dans un panier cuit-vapeur ou une marguerite pendant 8 minutes. Ajouter le brocoli et le chou-fleur et cuire environ 7 minutes, jusqu'à ce qu'ils soient tendres. Ajouter les petits pois et cuire 2 minutes. Pendant ce temps, préparer la sauce au fromage (voir méthode ci-contre).

Verser la sauce sur les légumes et réduire le tout en purée ou, pour les bébés plus âgés, hacher les légumes et les mélanger avec la sauce. Pour les tout jeunes bébés, on peut ajouter un peu plus de lait au besoin pour alléger la purée. Servir tiède.

Si votre bébé n'a pas envie de manger ses légumes, mélangez-les avec une bonne sauce au fromage.

CONSEIL ÉCLAIR
Méthode pour la sauce au fromage
Faire fondre le beurre dans une casserole, incorporer la farine et remuer 1 minute jusqu'à consistance lisse. Verser le lait peu à peu, porter à ébullition et cuire quelques minutes à feu doux jusqu'à épaississement et consistance lisse. Retirer du feu, ajouter le fromage puis remuer jusqu'à ce qu'il soit fondu. Incorporer le mascarpone (si utilisé).

Vous pouvez confectionner la sauce avec différents fromages doux comme l'emmental ou l'edam.

Chou-fleur et brocoli à la sauce au fromage

110 g (1 ½ tasse) de chou-fleur, en petits bouquets
50 g (⅔ de tasse) de brocoli, en petits bouquets
4 c. à thé (à café) de beurre non salé
4 c. à thé (à café) de farine
180 ml (¾ de tasse) de lait
1 pincée de muscade
20 g (2 c. à thé) de cheddar, râpé
25 g (2 c. à thé) de gruyère, râpé

Cuire le chou-fleur et le brocoli à la vapeur ou dans une casserole d'eau bouillante environ 7 minutes, jusqu'à tendreté. Pendant ce temps, préparer la sauce au fromage (voir méthode page 71) en ajoutant la muscade en même temps que le lait. Réduire en purée à l'aide du mélangeur pour les bébés qui ont moins de neuf mois. Pour les petits qui sont capables de mastiquer, hacher les légumes en petits morceaux, puis les mélanger avec la sauce.

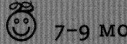 7–9 MOIS

2 PORTIONS

CUISSON: 10 MIN

PEUT ÊTRE CONGELÉ

La courge musquée plaît beaucoup aux jeunes bébés à cause de sa texture veloutée et de sa douce saveur naturelle.

Pâtes à la courge, aux tomates et au fromage

200 g (1 ½ tasse) de courge musquée, hachée
1 ½ c. à soupe de pâtes miniatures en forme d'étoile
1 c. à soupe de beurre non salé
150 g (1 tasse) de tomates, pelées, épépinées et hachées
20 g (2 c. à thé) de cheddar, râpé
2 c. à soupe de lait

Cuire la courge à la vapeur ou dans l'eau bouillante 10 minutes, jusqu'à tendreté. Pendant ce temps, cuire les pâtes selon le mode de cuisson inscrit sur l'emballage sans mettre de sel dans l'eau de cuisson. Faire fondre le beurre dans une petite casserole et faire sauter les tomates jusqu'à ce qu'elles commencent à se défaire. Incorporer le fromage et bien mélanger. À l'aide du pied-mélangeur, combiner les courges avec la sauce, puis mélanger doucement avec les pâtes.

Filet de poisson
et sauce à l'orange

 7–9 MOIS

 5 PORTIONS

 CUISSON: 20 MIN

 PEUT ÊTRE CONGELÉ

Ne vous laissez pas rebuter par la combinaison d'ingrédients qui peut sembler inhabituelle. Ce plat est vraiment très savoureux.

225 g (½ lb) de filet de poisson (ex.: morue, merlu ou églefin), sans peau
125 ml (½ tasse) de jus d'orange, fraîchement pressé
40 g (⅓ de tasse) de cheddar, râpé
2 c. à thé (à café) de persil frais, haché finement
25 g (1 tasse) de flocons de maïs
1 c. à soupe de beurre non salé

Mettre le poisson dans un plat de cuisson beurré. Couvrir avec le jus d'orange, le fromage, le persil et les flocons de maïs. Parsemer de noix de beurre. Couvrir de papier d'aluminium et cuire au four à 180 °C/350 °F/gaz 4 environ 20 minutes. (Si on utilise le micro-ondes, couvrir le plat et cuire 4 minutes à allure maximale.) Effeuiller le poisson et retirer minutieusement toutes les arêtes. Écraser tous les ingrédients avec le liquide de cuisson.

7–9 MOIS

4 PORTIONS

CUISSON: 20 MIN

PEUT ÊTRE CONGELÉ

La sole et la plie figurent parmi les poissons les plus recommandés pour initier les enfants au goût du poisson. Leur texture convient bien aux plus jeunes.

Filet de sole avec carottes, tomates et fromage

250 g (2 tasses) de carottes, en tranches
225 g (½ lb) de filet de sole ou de plie, sans peau
2 c. à soupe de lait
3 c. à soupe de beurre non salé
2 tomates mûres, pelées, épépinées et hachées
40 g (⅓ de tasse) de cheddar, râpé

Cuire les carottes à la vapeur pendant 20 minutes. Pendant ce temps, mettre le poisson dans un plat convenant au micro-ondes. Ajouter le lait et 1 c. à soupe de beurre. Couvrir et cuire à allure maximale de 2 à 3 minutes (ou pocher le poisson dans une casserole avec un peu de lait et laisser mijoter environ 5 minutes.)

Faire fondre le reste du beurre dans une casserole. Ajouter les tomates et faire sauter jusqu'à ce qu'elles se défassent. Incorporer le fromage et mélanger pour le faire fondre. Mélanger les carottes avec les tomates. Effeuiller le poisson en retirant toutes les arêtes avec soin. Mélanger le poisson et les légumes. Pour les plus petits, on peut passer le tout au mélangeur.

Saumon surprise

200 g (1 ½ tasse) de carottes, en tranches
125 g (4 ½ oz) de filet de saumon, sans peau
60 ml (¼ de tasse) de jus d'orange
40 g (⅓ de tasse) de cheddar, râpé
1 c. à soupe de beurre non salé
2 c. à soupe de lait

Dans une casserole, couvrir les carottes d'eau et porter à ébullition. Cuire à feu moyen environ 20 minutes (ou cuire à la vapeur 20 minutes).

Pendant ce temps, mettre le poisson dans un plat de cuisson, puis couvrir avec le jus d'orange et le fromage. Couvrir et cuire au micro-ondes environ 2 minutes, jusqu'à ce qu'il s'effeuille à la fourchette ou couvrir de papier d'aluminium et cuire au four préchauffé à 180 °C/350 °F/gaz 4 environ 20 minutes.)

Effeuiller le poisson à la fourchette en retirant toutes les arêtes avec soin. Mélanger les carottes égouttées avec le beurre et le lait. Réduire en purée avec le poisson et sa sauce. Pour les bébés plus âgés, écraser les carottes avec le beurre et le lait, puis mélanger avec le poisson.

Bon à savoir: Les poissons gras comme le saumon sont une bonne source d'acides gras, lesquels sont réputés pour leur rôle important dans le développement du cerveau et de la vision.

 7–9 MOIS

 3 PORTIONS

 CUISSON: 20 MIN

 PEUT ÊTRE CONGELÉ

Comme la recette de Filet de poisson et sauce à l'orange (voir page 75), celle-ci présente aussi un mélange délicieux et original de poisson et de jus d'orange.

Les bébés aiment le goût du maïs. La purée de maïs ayant tendance à être grumeleuse, il est préférable de la passer au moulin à légumes pour les petits bébés. Pour les plus vieux, on réduit les pommes de terre en purée et on ajoute ensuite le maïs.

Soupe au poulet et au maïs

1 oignon, haché

1 c. à soupe d'huile végétale

225 g (1½ tasse) de pommes de terre, pelées et coupées en dés

180 ml (¾ de tasse) de Bouillon de légumes (page 124) ou de Bouillon de poulet (page 125)

50 g (3 c. à soupe) de maïs frais ou congelé

60 ml (¼ de tasse) de lait

50 g (⅓ de tasse) de poulet, cuit et coupé en dés

Faire sauter les oignons dans l'huile jusqu'à ce qu'ils soient tendres. Ajouter les pommes de terre et le bouillon. Porter à ébullition, couvrir et laisser mijoter environ 12 minutes. Ajouter le maïs et le lait et laisser mijoter de 2 à 3 minutes. Réduire en purée à l'aide d'un moulin à légumes en même temps que le poulet et bien réchauffer. Pour les bébés plus âgés, on peut réduire la préparation en purée à l'aide d'un moulin à légumes, puis incorporer le maïs et le poulet haché finement. Ajouter un peu de lait et de bouillon pour obtenir la consistance d'une soupe.

Foies de volaille aux légumes et aux pommes

 7–9 MOIS

 5 PORTIONS

 CUISSON: 23 MIN

 PEUT ÊTRE CONGELÉ

100 g (¼ de lb) de foies de volaille
40 g (¼ de tasse) d'oignons, hachés
1 c. à soupe d'huile d'olive
1 carotte moyenne, en tranches
1 grosse pomme de terre, pelée et coupée en dés
petite pomme, pelée, évidée et hachée
250 ml (1 tasse) de Bouillon de poulet (page 125)

Bien nettoyer les foies de poulet en les débarrassant de la graisse et des nervures, puis les couper en tranches. Faire sauter les oignons dans l'huile jusqu'à tendreté. Ajouter les tranches de foie et faire sauter environ 1 minute, jusqu'à légère coloration. Ajouter les carottes, les pommes de terre, les pommes et le bouillon. Laisser mijoter 20 minutes, puis réduire en purée à l'aide du robot culinaire.

Bon à savoir: Le foie de volaille est une bonne source de vitamines et de fer. Les bébés naissent avec une réserve en fer suffisante pour les six premiers mois de leur vie, après quoi il est important que leur alimentation leur fournisse la quantité requise.

CONSEIL ÉCLAIR
Il arrive que les bébés aient moins d'appétit au cours de la période de dentition. On peut soulager leur douleur en frottant un peu de gel de dentition sur leurs gencives. Vous pouvez aussi apaiser votre petit en lui permettant de mastiquer quelque chose de froid, un bâtonnet de concombre par exemple.

Poulet aux poireaux, aux carottes et aux petits pois

 7–9 MOIS

2 PORTIONS

CUISSON: 28–30 MIN

PEUT ÊTRE CONGELÉ

½ c. à soupe d'huile végétale
50 g (½ tasse) de poireaux, hachés
1 grosse cuisse de poulet non désossée d'environ 175 g
    (6 oz), sans peau (retirer le gras)
200 g (1½ tasse) de carottes, hachées
250 ml (1 tasse) de Bouillon de poulet (page 125)
50 g (4 c. à soupe) de petits pois congelés

La chair brune étant plus nourrissante et plus tendre que le blanc de volaille, il est bon de cuisiner parfois des cuisses de poulet pour les tout-petits.

Chauffer l'huile dans une casserole et faire sauter les poireaux 2 minutes. Ajouter le poulet et faire sauter environ 2 minutes. Incorporer les carottes et le bouillon et porter à ébullition. Couvrir et laisser mijoter 20 minutes. Ajouter les petits pois et cuire à découvert de 4 à 5 minutes. Retirer le poulet à l'aide d'une écumoire et désosser. À l'aide du mélangeur, réduire les légumes et le poulet en purée avec suffisamment de liquide pour obtenir la consistance voulue.

La viande de bœuf doit être cuite longuement et lentement pour devenir bien tendre.

Casserole de bœuf

1½ c. à soupe d'huile végétale
1 oignon, haché finement
1 gousse d'ail, écrasée
1 ½ c. à soupe de farine
1 c. à thé (à café) de paprika
300 g (11 oz) de bœuf en cubes (bœuf à ragoût)
410 ml (1 ⅔ tasse) de Bouillon de poulet (page 125)
*   ou d'eau*
200 g (1 ½ tasse) de carottes, hachées
300 g (2 tasses) de pommes de terre, hachées
½ branche de céleri, hachée
Brins de persil frais
Brins de thym frais (facultatif)
110 g (1 ½ tasse) de champignons de Paris, en tranches

Préchauffer le four à 150 °C/300 °F/gaz 2. Chauffer l'huile dans une cocotte et faire sauter les oignons et l'ail 3 minutes. Mélanger la farine et le paprika dans un petit bol et saupoudrer la viande avec ce mélange. Faire sauter la viande dans la cocotte jusqu'à coloration.

Verser le bouillon et remuer 1 minute. Ajouter les légumes et les fines herbes, puis couvrir et cuire 2 heures au four. Ajouter les champignons et cuire 30 minutes. Réduire en purée à l'aide du mélangeur.

Bon à savoir: La viande rouge est la meilleure source de fer, un élément essentiel au bon développement physique et mental des enfants.

Bœuf braisé aux carottes, panais et patates douces

 7–9 MOIS

 5 PORTIONS

 CUISSON:
1 H 50 MIN

 PEUT ÊTRE CONGELÉ

1 c. à soupe d'huile d'olive
75 g (½ tasse) d'oignons rouges, hachés
1 gousse d'ail, écrasée
150 g (5 oz) de bœuf à braiser maigre, en morceaux
2 c. à soupe de farine
150 g (1 ¼ tasse) de carottes, en tranches
75 g (½ tasse) de panais, en tranches
250 g (1 ⅔ tasse) de patates douces, pelées et hachées
1 feuille de laurier
1 c. à soupe de persil frais, haché
410 ml (1 ⅔ tasse) de Bouillon de poulet (page 125)

Cette recette est parfaite pour initier votre enfant à la viande rouge. Certains bébés ayant du mal à mastiquer, on mélange la viande avec des légumes-racines pour lui donner une texture plus lisse et un goût plaisant davantage aux tout-petits.

Chauffer l'huile dans une casserole à fond épais ou une petite cocotte. Faire sauter les oignons et l'ail de 3 à 4 minutes. Passer les morceaux de viande dans la farine et les faire dorer sur toutes les faces. Ajouter les légumes, le laurier, le persil et le bouillon. Porter à ébullition, couvrir et laisser mijoter environ 1 h 45, jusqu'à ce que la viande soit tendre. Retirer le laurier. À l'aide du mélangeur, réduire en purée en ajoutant suffisamment de liquide de cuisson pour obtenir la consistance voulue.

7–9 MOIS

3 PORTIONS

CUISSON:
55 MIN – 1 H

PEUT ÊTRE CONGELÉ

Les jeunes bébés ont tendance à aimer la viande d'agneau que l'on peut mélanger avec des patates douces pour obtenir une consistance plus veloutée.

Casserole d'agneau et de patates douces

1 côtelette d'agneau d'environ 90 g (3 ½ oz), en dés (retirer le gras)
2 oignons verts, en fines tranches
275 g (1 ¾ tasse) de patates douces, pelées et hachées
75 g (½ tasse) de tomates, pelées, épépinées et hachées
1 pincée de romarin séché ou d'un mélange de fines herbes
125 ml (½ tasse) de Bouillon de poulet (page 125)

Préchauffer le four à 180 °C/350 °F/gaz 4. Mettre tous les ingrédients dans une petite cocotte, couvrir et cuire au four de 10 à 15 minutes, jusqu'à ce que le liquide soit bouillonnant. Baisser le feu à 150 °C/300 °F/gaz 2 et poursuivre la cuisson environ 45 minutes, jusqu'à ce que la viande soit tendre. Réduire en purée à l'aide du mélangeur pour les petits bébés ou hacher en petits morceaux pour les plus grands.

Bon à savoir: L'agneau contient de la vitamine B2, B3 et B12, du zinc ainsi que du fer.

Musli pour bébés

 7 MOIS ET PLUS

 1 PORTION

 CUISSON: AUCUNE

NE PEUT ÊTRE CONGELÉ

4 c. à soupe de flocons d'avoine
6 c. à soupe de lait
2 petites pommes, pelées, évidées et hachées
1 petite poire, pelée, évidée et hachée
2 c. à soupe de jus de pomme non sucré ou d'eau
2 c. à soupe de raisins secs

Faire tremper l'avoine dans le lait toute la nuit ou au moins 2 ou 3 heures. Cuire les pommes, les poires et le jus de pomme à feu doux de 8 à 10 minutes puis écraser à la fourchette. Mélanger l'avoine avec les raisins secs et la quantité de purée voulue.

Parfait pour bien commencer la journée. Vous pouvez remplacer les raisins secs par des abricots séchés hachés. Préparez la recette de purée de pommes et de poires et congelez-la dans un tiroir à glaces, ce qui vous permettra d'utiliser des cubes de purée selon vos besoins.

Bouillie avoine-bananes

 7–9 MOIS

 1 PORTION

 CUISSON: 5 MIN

 NE PEUT ÊTRE CONGELÉ

125 ml (½ tasse) de lait
3 c. à soupe de gruau ou de porridge instantané
1 petite banane
1 c. à thé (à café) de sirop d'érable ou 1 pincée
 de cassonade

Porter le lait à ébullition dans une petite casserole. Incorporer les céréales et cuire à feu doux jusqu'à épaississement. Écraser la banane et l'ajouter aux céréales avec le sirop d'érable.

Ne donnez pas uniquement des céréales pour bébés à votre enfant. Les autres céréales conviennent également à condition de contenir moins de 1 g de sel par portion.

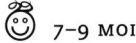 7–9 MOIS

4 PORTIONS

CUISSON: 3 MIN

PEUT ÊTRE CONGELÉ

Cette recette était la préférée de mes enfants à l'heure du petit-déjeuner. Son goût est absolument délicieux et elle regorge de bons ingrédients nutritifs.

CONSEIL ÉCLAIR
Si votre enfant commence à essayer de saisir la cuillère que vous utilisez pour le nourrir, donnez-lui-en une identique qu'il pourra tenir dans sa main pendant son repas. Lorsqu'il parviendra à la porter à sa bouche, donnez-lui des aliments qui adhéreront bien à l'ustensile (ex.: gruau, porridge, etc.).

Bouillie d'avoine aux poires et aux abricots

160 ml (²⁄₃ de tasse) de lait
1 c. à soupe de flocons d'avoine à cuisson rapide
6 abricots séchés prêts-à-manger, hachés
1 grosse poire, pelée, évidée et hachée

Dans une petite casserole, mélanger le lait, les flocons d'avoine et les abricots. Porter à ébullition et laisser mijoter 3 minutes en remuant de temps à autre. Réduire en purée avec la poire à l'aide du pied-mélangeur.

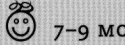 7–9 MOIS

2 PORTIONS

CUISSON: 5 MIN

PEUT ÊTRE CONGELÉ

N'hésitez pas à remplacer les pruneaux par des figues séchées prêtes-à-manger.

Bouillie d'avoine aux pommes, poires et pruneaux

2 c. à soupe de flocons d'avoine (porridge) à cuisson rapide
4 c. à soupe de jus de pomme non sucré
2 c. à soupe d'eau
1 petite pomme, pelée, évidée et hachée
2 pruneaux, dénoyautés et hachés
1 petite poire mûre, pelée, évidée et hachée

Dans une petite casserole, mélanger les flocons d'avoine, le jus de pomme et l'eau. Porter à ébullition et laisser mijoter 2 minutes. Ajouter les fruits, couvrir et laisser mijoter 3 minutes en remuant de temps à autre. Réduire en purée selon la consistance voulue.

Bon à savoir: En plus de contenir du fer et des fibres, les pruneaux sont une bonne source d'énergie immédiate. Ils combattent aussi efficacement la constipation en tant que laxatif naturel.

7–9 MOIS

 2 PORTIONS

 CUISSON: 5 MIN

 NE PEUT ÊTRE CONGELÉ

Cette purée au goût exquis se prépare en un clin d'œil.

Délice aux bananes et aux abricots

50 g (½ tasse) d'abricots séchés prêts-à-manger, hachés grossièrement
6 c. à soupe d'eau bouillante
1 petite banane mûre, en tranches
1 c. à soupe de flan en poudre du commerce

Dans une petite casserole, mélanger les abricots et 3 c. à soupe d'eau bouillante et laisser mijoter de 2 à 3 minutes. Mélanger les abricots et leur liquide de cuisson avec les bananes. Mettre le flan en poudre dans une petite casserole et ajouter environ 1 c. à soupe d'eau bouillante. Ajouter le reste de l'eau bouillante et remuer vivement à feu moyen jusqu'à consistance lisse et crémeuse. Mélanger le flan avec les fruits.

Bon à savoir: Les abricots font partie des superaliments que nous offre la nature. Le traitement par séchage augmente leur concentration en bêtacarotène, en potassium et en fer.

Quel bonheur de pouvoir partager avec bébé le bon goût sucré des cerises d'été.

Banane et cerises

6 cerises douces, coupées en deux et dénoyautées
1 c. à soupe d'eau
1 banane mûre
1 c. à soupe de riz pour bébés

Mettre les cerises et l'eau dans une petite casserole et laisser mijoter 2 minutes. Ajouter la banane écrasée et laisser mijoter un peu moins de 1 minute. Réduire en purée à l'aide du pied-mélangeur et incorporer le riz.

Bon à savoir: Les cerises stimulent le système immunitaire et préviennent les infections. Elles aident aussi à combattre la constipation.

Bleuets, banane et pomme

110 g (²⁄₃ de tasse) de bleuets (myrtilles)
1 petite banane, en tranches
1 petite pomme, pelée, évidée et hachée

Mettre tous les fruits dans une casserole à fond épais. Couvrir et cuire à feu doux 5 minutes. Retirer le couvercle et laisser mijoter environ 5 minutes, jusqu'à ce que liquide se soit évaporé.

Croustade aux fraises, pêches et poires

75 g (½ tasse) de fraises équeutées en quartiers
1 pêche mûre, pelée, dénoyautée et en morceaux
1 poire mûre, pelée, dénoyautée et en morceaux
1 pain bâton pour bébés

Mettre tous les fruits dans une casserole à fond épais. Couvrir et cuire à feu doux environ 3 minutes. Mettre le pain bâton dans un sac de plastique et le broyer à l'aide d'un rouleau à pâtisserie. Mélanger le tout.

Vous pouvez épaissir les purées trop liquides avec un peu de riz pour bébés, de la banane écrasée ou un pain bâton émietté, comme on le fait dans cette recette. On peut remplacer la poire par une autre pêche.

9 à 12 mois: en route vers l'indépendance

Les derniers mois de la première année de bébé sont le théâtre de changements rapides. Il commence à ramper et peut-être même à marcher. Il acquiert progressivement son indépendance et insiste de plus en plus pour manger seul.

Donnez-lui des aliments qu'il peut manger avec ses mains afin qu'il apprenne à mastiquer. Encouragez-le à manger seul si ce n'est déjà fait. Offrez-lui des bâtonnets de légumes crus ou cuits à la vapeur ou des fruits frais qu'il pourra tremper dans sa purée de fruits préférée (voir page 63 pour d'autres suggestions).

Il peut maintenant manger les mêmes aliments que le reste de la famille, sauf les plats additionnés de sel, les œufs pas assez cuits, les fromages non pasteurisés, les produits à faible teneur en gras ou riches en fibres, les noix entières et le miel.

Si votre bébé est très actif, vous devrez peut-être augmenter sa quantité de nourriture. Choisissez des produits laitiers à base de lait entier, des fruits, des légumes et des plats nourrissants comme les Pâtes au thon à la sauce tomate crémeuse (page 109) et le Risotto à la courge (page 100). Il doit manger à intervalles réguliers parce que son estomac est encore petit.

Après l'âge de un an, votre enfant ne devrait plus prendre son biberon, sauf au coucher. Encouragez-le à utiliser plutôt une tasse ordinaire ou une tasse pour bébés, ce qui sera moins néfaste pour ses dents.

9–12 MOIS

 1 PORTION

 CUISSON: 2–3 MIN

○ NE PEUT ÊTRE CONGELÉ

Les œufs se préparent en un rien de temps, mais il est important de bien les faire cuire, jusqu'à ce que le jaune et le blanc soient solides et ce jusqu'à l'âge de un an. On ne doit jamais donner d'œufs crus ou peu cuits aux bébés et aux jeunes enfants à cause des risques liés à la salmonelle.

Œufs brouillés au fromage

2 œufs
1 c. à soupe de lait
2 c. à soupe de cheddar, râpé
1 c. à soupe de beurre non salé

À l'aide d'un fouet, battre les œufs, le lait et le fromage. Faire fondre le beurre dans une petite poêle. Verser la préparation et cuire à feu doux de 2 à 3 minutes en remuant jusqu'à ce que les œufs soient pris.

Bon à savoir: Les œufs contiennent des protéines, des vitamines et des minéraux tandis que le jaune d'œuf est une bonne source de fer pour votre bébé.

Risotto aux carottes, tomates et fromage

😊 9–12 MOIS

🥣 4 PORTIONS

🕐 CUISSON: 20–25 MIN

❄ PEUT ÊTRE CONGELÉ

40 g (¼ de tasse) d'oignons, hachés
1 ½ c. à soupe de beurre non salé
100 g (½ tasse) de riz à grain long
150 g (1 ¼ tasse) de carottes, en tranches
310 ml (1 ¼ tasse) d'eau bouillante
3 tomates moyennes mûres, pelées, épépinées
* et hachées*
50 g (1 ½ c. à soupe) de cheddar, râpé

Faire sauter les oignons dans la moitié du beurre jusqu'à ce qu'ils soient tendres. Ajouter le riz, bien l'enrober de beurre, puis ajouter les carottes. Verser l'eau bouillante, porter à ébullition, couvrir et laisser mijoter de 15 à 20 minutes, jusqu'à ce que le riz soit cuit et que les légumes soient tendres. Ajouter un peu d'eau au besoin.

Pendant ce temps, faire fondre le reste du beurre dans une petite casserole et faire sauter les tomates de 2 à 3 minutes, jusqu'à ce qu'elles commencent à se défaire. Ajouter le fromage et remuer jusqu'à ce qu'il soit fondu. Égoutter le riz si l'eau de cuisson n'est pas complètement absorbée. Mélanger la préparation aux tomates avec le riz.

Ce plat nourrissant est très facile à préparer. Le riz cuit est tendre et permet d'initier les tout-petits aux aliments plus consistants. Les bébés et les bambins aiment le riz et les carottes que l'on apprête ici avec des tomates sautées et du fromage fondu.

CONSEIL ÉCLAIR
Des enquêtes ont démontré que parmi les bébés âgés de 10 à 12 mois, un sur cinq consomme moins de fer que la quantité recommandée au cours d'une journée.

9–12 MOIS

4 PORTIONS

CUISSON: 24 MIN

PEUT ÊTRE CONGELÉ

Le riz cuit servi avec des légumes est une bonne façon de faire découvrir les aliments plus consistants à votre bébé. La courge musquée peut être remplacée par de la citrouille ou du potiron.

CONSEIL ÉCLAIR
Permettez à votre bébé de faire des expériences avec sa cuillère et il apprendra ainsi à bien s'en servir plus rapidement.

Risotto à la courge

550 g (⅓ de tasse) d'oignons, hachés
1 ½ c. à soupe de beurre non salé
110 g (½ tasse) de riz basmati
460 ml (1¾ tasse + 2 c. à soupe) d'eau bouillante
150 g (1 tasse) de courge musquée, pelée et hachée
225 g (1½ tasse) de tomates mûres, pelées, épépinées
   et hachées
50 g (2 oz) de cheddar, râpé

Faire sauter les oignons dans la moitié du beurre jusqu'à ce qu'ils soient tendres. Ajouter le riz et bien l'enrober de beurre. Verser l'eau bouillante, couvrir et cuire 8 minutes à feu vif. Ajouter les courges, baisser le feu, couvrir et cuire environ 12 minutes, jusqu'à ce que l'eau soit complètement absorbée.

Pendant ce temps, faire fondre le reste du beurre dans une petite casserole et faire sauter les tomates de 2 à 3 minutes. Ajouter le fromage et remuer jusqu'à ce qu'il soit fondu. Mélanger la préparation aux tomates avec le riz.

9–12 MOIS

 4 PORTIONS

 CUISSON: 12 MIN

 PEUT ÊTRE CONGELÉ

L'orzo est une petite pâte semblable à un grain de riz et on peut le remplacer au besoin par d'autres pâtes miniatures. Variez les légumes en mettant par exemple des petits pois et du maïs au lieu des courgettes et du brocoli, puis ajoutez des dés de tomate avec le fromage.

Risotto de pâtes

75 g (⅓ de tasse) d'orzo ou autres pâtes miniatures
50 g (⅓ de tasse) de carottes, en dés
50 g (¼ de tasse) de courgettes, en dés
50 g (⅔ de tasse) de petits bouquets de brocoli, hachés
1 ½ c. à soupe de beurre non salé
25 g (2 c. à thé) de cheddar, râpé

Mettre l'orzo et les carottes dans une petite casserole. Couvrir d'eau généreusement, porter à ébullition et cuire 5 minutes. Ajouter les courgettes et le brocoli et cuire environ 7 minutes. Faire fondre le beurre dans une casserole et ajouter l'orzo et les légumes égouttés. Ajouter le beurre et le cheddar et bien remuer jusqu'à ce que le fromage soit fondu.

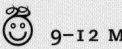 9–12 MOIS

2–3 PORTIONS

CUISSON: 21 MIN

PEUT ÊTRE CONGELÉ

L'ajout de pâtes miniatures à la purée permet d'introduire des aliments plus consistants dans l'alimentation de bébé. Cette sauce délicieuse est aussi très nourrissante.

Pâtes à la sauce aux légumes

1 c. à soupe d'huile d'olive
50 g (⅓ de tasse) d'oignons, hachés
1 gousse d'ail, écrasée
150 g (1 tasse) de carottes, hachées
40 g (¼ de tasse) de poivron rouge, haché
200 g (1⅓ tasse) de tomates hachées en conserve
180 ml (¾ de tasse) d'eau
25 g (2 c. à soupe) de petits pois congelés
3 c. à soupe de pâtes miniatures en forme d'étoile
40 g (⅓ de tasse) de cheddar, râpé

Chauffer l'huile dans une casserole et faire sauter les oignons et l'ail 1 minute. Ajouter les carottes et les poivrons et cuire 5 minutes. Ajouter les tomates et l'eau et porter à ébullition. Couvrir et laisser mijoter 15 minutes.

Pendant ce temps, cuire les pâtes selon les instructions sur l'emballage sans mettre de sel. Ajouter les petits pois aux autres légumes et cuire 5 minutes. Retirer du feu, ajouter le fromage et remuer jusqu'à ce qu'il soit fondu. À l'aide du mélangeur, réduire la préparation en purée, puis mélanger avec les pâtes égouttées.

Bon à savoir: Les tomates sont riches en lycopène, un puissant antioxydant qui sert de protection contre les maladies du cœur et le cancer.

9–12 MOIS

 4 PORTIONS

 CUISSON: 20 MIN

 PEUT ÊTRE CONGELÉ

Purée de pommes de terre et de légumes au fromage

300 g (2 tasses) de pommes de terre, pelées et hachées
125 g (1 tasse) de carottes, en tranches
75 g (1 tasse) de brocoli, en petits bouquets
2 c. à soupe de lait
1 c. à soupe de beurre non salé
40 g (⅓ de tasse) de cheddar, râpé

Mettre les pommes de terre et les carottes dans une casserole, couvrir d'eau, porter à ébullition et cuire environ 20 minutes, jusqu'à tendreté. Pendant ce temps, cuire le brocoli à la vapeur de 7 à 8 minutes, jusqu'à tendreté. (On peut aussi cuire les pommes de terre et les carottes 12 minutes, ajouter le brocoli et cuire de 7 à 8 minutes de plus.) Égoutter les légumes et réduire en purée avec tous les autres ingrédients.

Commencez à écraser les fruits et les légumes au lieu de les réduire en purée lisse afin d'habituer peu à peu votre petit aux aliments plus consistants. Le goût prononcé du brocoli est ici atténué par celui du fromage et des pommes de terre crémeuses.

CONSEIL ÉCLAIR
Les bols à ventouse restent fermement en place sur la tablette de la chaise haute. Ils permettent ainsi aux bébés de commencer à se nourrir eux-mêmes à la cuillère sans trop se salir.

9–12 MOIS

 4 PORTIONS

 CUISSON: 24 MIN

 PEUT ÊTRE CONGELÉ

Voici une bonne façon de faire manger des légumes aux enfants puisqu'il leur sera impossible de les détecter dans la sauce. Pour une sauce plus veloutée, n'oubliez pas de mettre du mascarpone, un bon fromage italien crémeux.

Pâtes aux légumes cachés

2 c. à soupe d'huile d'olive légère
1 petit oignon, haché
1 gousse d'ail, écrasée
75 g (½ tasse) de carottes, hachées
75 g (⅓ de tasse) de courgettes, hachées
75 g (1 tasse) de champignons de Paris, hachés
200 g (1¼ tasse) de tomates italiennes mûres, pelées,
*   épépinées et hachées*
1 c. à soupe de beurre non salé
400 g (2½ tasses) de tomates hachées en conserve
125 ml (½ tasse) de Bouillon de légumes (page 124)
¼ de c. à thé (à café) de cassonade
1 c. à soupe de feuilles de basilic frais, déchiquetées
Poivre noir du moulin, au goût
125 g (¼ de lb) de pâtes miniatures
3 ou 4 c. à soupe de fromage mascarpone (facultatif)

Chauffer l'huile dans une casserole et faire sauter les oignons et l'ail environ 3 minutes. Ajouter les carottes et faire sauter de 4 à 5 minutes. Ajouter les courgettes et cuire 2 minutes, puis les champignons et cuire encore 2 minutes.

Ajouter les tomates italiennes et le beurre et faire sauter 2 minutes. Ajouter les tomates en conserve et la moitié de leur jus. Incorporer le bouillon, la cassonade, le basilic et le poivre. Couvrir et cuire à feu moyen 10 minutes, puis réduire en sauce.

Pendant ce temps, cuire les pâtes selon le mode de cuisson inscrit sur l'emballage sans mettre de sel dans l'eau de cuisson. Égoutter et mélanger avec la sauce.

Les épinards contiennent du bêtacarotène et de la vitamine C. Ne les faites pas trop cuire afin de préserver toutes leurs vitamines.

CONSEIL ÉCLAIR
Si votre bébé souffre de constipation, offrez-lui des aliments naturellement riches en fibres: pruneaux, poires cuites, papaye écrasée, lentilles et céréales complètes. Cessez de lui donner des céréales de riz et des bananes et faites-le boire plus souvent (lait maternel, eau ou jus dilué).

Filet de morue aux épinards et à la sauce au fromage

200 g (7 oz) de filet de morue, sans peau
1 c. à soupe de beurre non salé
Le jus de ½ citron
110 g (4 tasses) d'épinards frais

Sauce au fromage
1 c. à soupe de beurre non salé
1 c. à soupe de farine
180 ml (¾ de tasse) de lait
1 pincée de muscade, fraîchement râpée
40 g (⅓ de tasse) de cheddar, râpé

Mettre le poisson dans un plat de cuisson, parsemer de noix de beurre et arroser de jus de citron. Couvrir et cuire au micro-ondes de 3 à 4 minutes à allure maximale, jusqu'à ce que la chair s'effeuille à la fourchette ou le pocher de 3 à 4 minutes dans la quantité de lait prévue pour la sauce au fromage avec 1 feuille de laurier, 1 brin de persil et du poivre. Filtrer le lait et l'utiliser pour faire la sauce au fromage. Cuire les épinards environ 2 minutes dans une casserole, puis les presser pour extraire l'eau. Préparer la sauce au fromage (voir page 71) en ajoutant la muscade en même temps que le lait. Effeuiller le poisson, hacher les épinards et mélanger avec la sauce.

Pâtes au thon à la sauce tomate crémeuse

 9–12 MOIS

 3 PORTIONS

 CUISSON: 12 MIN

 PEUT ÊTRE CONGELÉ

40 g (1½ oz) de pâtes miniatures
40 g (¼ de tasse) d'oignons, hachés finement
1 gousse d'ail, écrasée
1 c. à soupe d'huile végétale
160 ml (⅔ de tasse) de concentré de tomates (passata)
200 g (7 oz) de thon dans l'huile, égoutté et effeuillé

Sauce au fromage
1 c. à soupe de beurre non salé
1 c. à soupe de farine
160 ml (⅔ de tasse) de lait
25 g (1 oz) de cheddar, rapé

Le thon en conserve est un aliment nourrissant qu'il est utile de toujours avoir dans son garde-manger. Apprenez à votre enfant à l'apprécier aussitôt qu'il est en âge de manger du poisson.

Cuire les pâtes selon les instructions sur l'emballage, sans mettre de sel dans l'eau de cuisson. Pour la sauce au fromage, suivre la méthode de la page 71. Faire sauter les oignons et l'ail dans l'huile jusqu'à tendreté. Incorporer le concentré de tomates et le thon effeuillé et cuire environ 4 minutes. Mélanger avec la sauce au fromage, ajouter les pâtes et bien remuer.

Bon à savoir: Le thon est une excellence source de protéines et de vitamines, particulièrement la D et la B12. Contrairement au thon frais, le thon en conserve ne contient pas d'acides gras oméga-3.

Le fait de mélanger des pâtes miniatures ou du riz à la purée de votre bébé est une bonne façon de lui faire découvrir des aliments de différentes textures.

Poulet aux tomates et au riz

1 c. à soupe d'huile d'olive
50 g (⅓ de tasse) d'oignons, hachés
1 petite gousse d'ail, écrasée
75 g (½ tasse) de blanc de volaille (poitrine),
    en morceaux
175 g (1¼ tasse) de carottes, hachées
125 g (¾ de tasse) de pommes de terre, pelées et hachées
200 g (1¼ tasse) de tomates hachées en conserve
1 brin de thym frais (facultatif)
160 ml (⅔ de tasse) de Bouillon de poulet (page 125)
    ou d'eau
60 ml (¼ de tasse) de jus de pomme non sucré
50 g (¼ de tasse) de riz, cuit

Chauffer l'huile dans une casserole à fond épais et faire sauter les oignons et l'ail environ 4 minutes pour attendrir sans colorer. Ajouter le poulet et faire sauter 2 minutes pour le colorer sur toutes les faces. Ajouter les carottes, les pommes de terre, les tomates, le thym, le bouillon et le jus. Porter à ébullition, couvrir et laisser mijoter 20 minutes.

Retirer le brin de thym. À l'aide du mélangeur, combiner le poulet et les légumes jusqu'à consistance voulue, puis incorporer le riz.

Spaghettis au poulet

1 c. à soupe d'huile d'olive
1 petit oignon, haché
1 gousse d'ail, écrasée
50 g (⅓ de tasse) de carottes, râpées
150 g (1 tasse) de poulet ou de dinde, émincé
½ c. à thé (à café) de feuilles de thym frais
   ou 1 pincée de thym séché
160 ml (⅔ de tasse) de concentré de tomates (passata)
160 ml (⅔ de tasse) de Bouillon de poulet (page 125)
25 g (1 oz) de spaghettis

Chauffer l'huile dans une casserole et faire sauter
les oignons et l'ail 3 minutes en remuant de temps
à autre. Ajouter les carottes et cuire 3 minutes.
Incorporer le poulet et cuire environ 3 minutes
en remuant de temps à autre. Ajouter le thym,
le concentré de tomates et le bouillon. Porter
à ébullition, couvrir et laisser mijoter 15 minutes.

   Pendant ce temps, cuire les pâtes selon les
instructions sur l'emballage sans mettre de sel dans
l'eau de cuisson. Égoutter les spaghettis et les couper
en petits morceaux. À l'aide du pied-mélangeur, mixer
la sauce pendant quelques secondes pour lui donner
une texture plus veloutée, puis mélanger avec
les pâtes.

 9–12 MOIS

 2 PORTIONS

 CUISSON: 24 MIN

 PEUT ÊTRE CONGELÉ

Cette sauce remarquable
peut accompagner tous les
genres de pâtes. Si votre
bébé est assez grand, il
n'est pas nécessaire de la
réduire en purée.

9–12 MOIS

 3 PORTIONS

 CUISSON: 45 MIN

 PEUT ÊTRE CONGELÉ

Le poulet est une bonne source de protéines maigres et il est suffisamment tendre pour convenir aux bébés. La chair brune des cuisses renferme deux fois plus de fer et de zinc que la chair blanche.

CONSEIL ÉCLAIR

Une fois que votre enfant commence à adopter un régime varié, il se peut qu'à l'occasion vous trouviez dans ses selles certains aliments à leur état naturel (ex.: les raisins secs). Ne vous inquiétez pas, c'est tout à fait normal.

Poulet au riz et au maïs

Environ 250 g (½ lb) de cuisses de poulet, sans peau
1 feuille de laurier
1 brin de persil frais
3 grains de poivre noir
410 ml (1 ⅔ tasse) de Bouillon de poulet (page 125)
1 c. à soupe de beurre non salé
1 c. à soupe de farine
40 g (2 ½c. à soupe) de maïs en conserve ou congelé
75 g (⅓ de tasse) de riz basmati, cuit

Dans une casserole, mettre le poulet, le laurier, le persil et les grains de poivre. Couvrir avec le bouillon et porter à ébullition. Laisser mijoter à feu doux environ 40 minutes, jusqu'à ce que la volaille soit cuite et bien tendre.

Désosser les cuisses de poulet et les hacher en petits morceaux. Filtrer le bouillon et réserver. Faire fondre le beurre dans une poêle et cuire la farine 1 minute. Verser peu à peu le bouillon réservé, porter à ébullition et cuire 1 minute. Incorporer le maïs et cuire de 2 à 3 minutes. Mélanger le poulet, le riz, le bouillon et le maïs. Réduire en purée pour les tout jeunes bébés.

Poulet crémeux aux légumes

 9–12 MOIS

 3 PORTIONS

 CUISSON: 17 MIN

 PEUT ÊTRE CONGELÉ

1 c. à soupe d'huile végétale
40 g (¼ de tasse) d'oignons, hachés
2 carottes moyennes, hachées
75 g (1 tasse) de champignons de Paris, en tranches
1 c. à soupe de farine
160 ml (⅔ de tasse) de Bouillon de poulet (page 125)
4 c. à soupe de lait
50 g (⅓ de tasse) de poulet, cuit et haché
20 g (2 c. à thé) de cheddar, râpé

Préparé avec des restes de poulet rôti, ce plat est à la fois nourrissant et savoureux. Si vous n'avez pas de poulet cuit, faites pocher la moitié d'un blanc de volaille (poitrine) dans du bouillon de poulet environ 6 minutes, jusqu'à cuisson complète.

Chauffer l'huile dans une casserole et faire sauter les oignons et les carottes 5 minutes en remuant de temps à autre. Ajouter les champignons et faire sauter 3 minutes. Incorporer la farine et cuire 1 minute. Verser peu à peu le bouillon et le lait. Porter à ébullition, baisser le feu et cuire 5 minutes. Ajouter le poulet et cuire 1 minute. Retirer du feu, incorporer le fromage et le faire fondre en remuant. Hacher le tout en petits morceaux ou réduire en purée selon l'âge du bébé.

Cette belle recette encouragera votre bébé à apprécier le goût de la viande rouge.

Spaghettis à la viande

1 ½ c. à soupe d'huile végétale
1 gousse d'ail, écrasée
40 g (¼ de tasse) d'oignons, hachés
1 carotte moyenne, râpée
75 g (1 tasse) de champignons tranchés
150 g (5 oz) de bœuf haché maigre
125 ml (½ tasse) de concentré de tomates (passata)
180 ml (¾ de tasse) de Bouillon de poulet (page 125)
Quelques gouttes de sauce Worcestershire
1 pincée de cassonade
1 feuille de laurier
50 g (2 oz) de spaghettis

Chauffer 1 c. à soupe d'huile dans une casserole et faire sauter l'ail et les oignons 2 minutes. Ajouter les carottes et faire sauter 2 minutes. Verser le reste de l'huile et faire sauter les champignons environ 3 minutes.

Pendant ce temps, cuire la viande dans une poêle sèche, puis l'ajouter à la casserole de légumes avec le concentré de tomates, le bouillon, la sauce Worcestershire, la cassonade et le laurier. Couvrir et laisser mijoter 15 minutes. Retirer le laurier. Cuire les pâtes selon les instructions sur l'emballage sans mettre de sel dans l'eau de cuisson.

À l'aide du pied-mélangeur, réduire la sauce en purée lisse avant de la mélanger avec les pâtes coupées en petits morceaux.

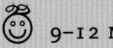 9–12 MOIS

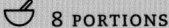 8 PORTIONS

🕐 CUISSON:
2 H 5 MIN

❄ PEUT ÊTRE CONGELÉ

Les oignons et les carottes confèrent une saveur unique à la viande et la longue cuisson la rend merveilleusement tendre.

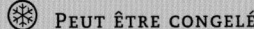

CONSEIL ÉCLAIR
Si votre bébé n'aime pas la viande, vous devez vous assurer qu'il ne manque pas de fer. Offrez-lui une alimentation qui comprend des lentilles, des légumes verts feuillus et des céréales enrichies.

Casserole de bœuf à l'ancienne

1 ½ c. à soupe d'huile végétale
1 oignon, en tranches
225 g (½ lb) de bœuf maigre en cubes (palette ou ronde),
2 carottes, en tranches
300 g (2 tasses) de pommes de terre, pelées et coupées en dés
1 c. à soupe de persil frais, haché
430 ml (1 ¾ tasse) de Bouillon de poulet (page 125)

Préchauffer le four à 150 °C/300 °F/gaz 2. Chauffer l'huile dans une cocotte et faire sauter les oignons jusqu'à ce qu'ils soient légèrement dorés. Ajouter la viande et faire dorer sur toutes les faces. Ajouter les carottes, les pommes de terre, le persil et le bouillon. Porter à ébullition, couvrir et cuire au four environ 2 heures, jusqu'à ce que la viande soit extrêmement tendre (ajouter du bouillon au besoin). Hacher le tout en petits morceaux ou, pour les plus petits, réduire en purée jusqu'à consistance voulue.

Casserole d'agneau aux légumes

2 côtelettes d'agneau (environ 160 g ou 5 ½ oz en tout)
½ petit oignon
200 g (1 ⅓ tasse) de pommes de terre, pelées
et coupées en dés
110 g (¾ de tasse) de carottes, en tranches
2 tomates mûres, pelées, épépinées et hachées
grossièrement
125 ml (½ tasse) de Bouillon de poulet (page 125)

Préchauffer le four à 180 °C/350 °F/gaz 4. Mettre les côtelettes d'agneau, les légumes et le bouillon dans une petite cocotte. Couvrir et cuire au four environ 1 heure, jusqu'à ce que la viande soit tendre. Hacher en petits morceaux ou réduire en purée pour les bébés plus jeunes.

La viande d'agneau cuite en cocotte avec du bouillon et des légumes est suffisamment tendre et moelleuse pour votre bébé.

CONSEIL ÉCLAIR
Lorsque votre bébé commencera à manger seul, vous remarquerez que ses repas durent plus longtemps. Organisez votre emploi du temps en conséquence.

9–12 MOIS

 2 PORTIONS

 CUISSON: AUCUNE

○ **NE PEUT ÊTRE CONGELÉ**

Voici une bonne façon de commencer la journée. Servez ce musli nature ou avec du yogourt.

CONSEIL ÉCLAIR

Ne laissez jamais votre bébé seul pendant qu'il mange. Certains bébés avalent leurs aliments sans les mastiquer, ce qui peut causer une suffocation. Si votre petit s'étouffe, n'essayez pas de retirer les aliments de sa bouche car vous risqueriez de les pousser encore plus loin dans sa gorge. Mettez son visage sur vos genoux pour que sa tête soit plus basse que son estomac et donnez-lui des claques fermes entre les omoplates avec le plat de la main afin de déloger la nourriture que vous pourrez ensuite retirer.

Musli aux abricots

50 g (²⁄₃ de tasse) de flocons d'avoine
2 c. à soupe de germe de blé
25 g (1 c. à soupe) d'abricots séchés prêts-à-manger, hachés
160 ml (²⁄₃ de tasse) de jus d'orange, fraîchement pressé
1 pomme, pelée et râpée

Mélanger les flocons d'avoine, le germe de blé et les abricots. Couvrir avec le jus d'orange et laisser reposer au moins 5 minutes. Incorporer les pommes et mélanger rapidement à l'aide du pied-mélangeur.

Pouding au riz traditionnel

Le secret d'un bon pouding au riz? Une longue cuisson à feu doux.

50 g (2 oz) de riz pour pouding
2 c. à soupe de cassonade molle ou de sucre semoule
625 ml (2 ½ tasses) de lait
1 gousse de vanille ou ½ c. à thé (à café) d'extrait de vanille
1 c. à soupe de beurre

Préchauffer le four à 150 °C/300 °F/gaz 2. Beurrer légèrement un plat de cuisson peu profond. Ajouter le riz et la cassonade, puis verser le lait. Fendre la gousse de vanille en deux et racler les graines au-dessus du plat ou ajouter l'essence de vanille. Couvrir avec des noisettes de beurre. Cuire au four environ 2 heures en remuant de temps à autre. Servir chaud avec des fruits ou l'un des choix suivants:

Suggestions pour accompagner le pouding au riz:
- pommes et poires cuites
- confiture de fraise
- pêches en conserve
- mélasse claire
- mangue hachée
- compote de fruits

9–12 MOIS

6 PORTIONS

CUISSON: 30–35 MIN

PEUT ÊTRE CONGELÉ

Cette recette permet de gagner du temps puisque l'on fait cuire le pouding au riz sur la cuisinière plutôt que dans le four.

CONSEIL ÉCLAIR
Après l'âge de un an, si votre enfant ne mange qu'une variété limitée d'aliments parce qu'il est capricieux, il peut être bénéfique de lui donner du lait maternisé ou du lait de croissance au lieu du lait de vache.

Pouding au riz minute

50 g (2 oz) de pouding au riz
625 ml (2 ½ tasses) de lait
1 à 2 c. à soupe de sucre semoule (super fin)
1 gousse de vanille ou ½ c. à thé (à café) d'extrait
*   de vanille*

Dans une casserole à fond épais, mélanger le riz, le lait et le sucre. Fendre la gousse de vanille en deux et racler les graines au-dessus de la casserole ou ajouter l'essence de vanille. Porter à ébullition, baisser le feu, couvrir et laisser mijoter de 30 à 35 minutes en remuant de temps à autre. Mélanger avec un fruit ou l'un des choix suivants:
• purée d'abricots séchés
• compote de pommes et de poires
• compote de fruits maison ou du commerce
• confiture de fraise à faible teneur en sucre
• un peu de sirop d'érable
• purée de fraises: faire cuire quelques fraises, jeter une partie du liquide de cuisson et réduire le reste en purée. Passer au tamis et mélanger avec un peu de sucre glace, au goût.

9–12 MOIS

 2 PORTIONS

 CUISSON: 7–8 MIN

 PEUT ÊTRE CONGELÉ

Cette recette est bonne telle quelle, mais on peut aussi la mélanger avec du yogourt ou l'incorporer à un pouding au riz.

Nectarines et fraises à la vanille

*2 nectarines ou pêches, pelées, dénoyautées
et hachées*
*75 g (½ tasse) de fraises, équeutées et coupées
en quartiers*
1 gousse de vanille

Mettre les fruits dans une casserole à fond épais. Fendre la gousse de vanille et racler les graines à l'aide d'un petit couteau pointu. Mettre la gousse et les graines dans la casserole. Couvrir et cuire à feu doux de 7 à 8 minutes. Retirer la gousse, puis écraser ou hacher les fruits.

9–12 MOIS

1 PORTION

CUISSON: 2 MIN

NE PEUT ÊTRE CONGELÉ

La banane est facile à digérer et procure une source d'énergie profitable aux bébés.

Délice aux bananes

1 c. à soupe de beurre non salé
1 petite banane, en tranches
3 c. à soupe de jus d'orange, fraîchement pressé

Faire fondre le beurre dans une poêle ou une casserole et faire sauter les bananes 1 minute. Ajouter le jus et cuire 1 minute. Écraser le tout à l'aide d'une fourchette.

Recettes de base

Bouillon de légumes

6 MOIS ET PLUS

625 ML (2 ½ TASSES)

CUISSON: 1 H 07 MIN

PEUT ÊTRE CONGELÉ, SAUF SI ON L'INTÈGRE À UNE PURÉE QU'ON VEUT CONGELER

Les cubes de bouillon vendus dans le commerce contiennent trop de sel pour les bébés qui ont moins d'un an. De plus, il est important d'utiliser du bouillon frais et non pas du bouillon congelé pour préparer des purées destinées à être congelées. Ce bouillon facile à faire se conserve jusqu'à 1 semaine au réfrigérateur.

1 oignon
1 gousse d'ail
2 grosses carottes
1 gros poireau
1 branche de céleri
1 c. à soupe d'huile d'olive
875 ml (3 ½ tasses) d'eau froide
1 bouquet garni ou un mélange de fines herbes
    (ex.: brin de thym, persil, origan et feuille de laurier)
4 grains de poivre

Hacher grossièrement tous les légumes. Chauffer l'huile dans une grande casserole à fond épais et faire sauter les oignons et l'ail 2 minutes. Ajouter le reste des légumes et faire suer 5 minutes dans l'huile sans coloration (avec ou sans couvercle).

Verser l'eau et porter à ébullition. Ajouter le bouquet garni et le poivre. Baisser le feu, couvrir et laisser mijoter 1 heure.

Laisser refroidir environ 2 heures et passer au tamis. (Retirer la feuille de laurier si on en utilise.) À l'aide d'un pilon à purée, presser les légumes afin d'extraire tous leurs jus.

Bouillon de poulet

1 carcasse de poulet rôti ou environ 1 kg (2 lb) d'os
de poulet concassés
3 carottes
1 panais
1 poireau
2 oignons
1 branche de céleri
1 petit bouquet de persil
1 brin de thym frais
1 feuille de laurier
4 grains de poivre noir
2 litres (8 tasses) d'eau bouillante

Mettre la carcasse dans une grande casserole à fond épais. Ajouter les légumes hachés grossièrement, les fines herbes et le poivre. Verser l'eau et porter à ébullition. À l'aide d'une écumoire, retirer minutieusement l'écume qui se forme à la surface. Couvrir à moitié et laisser mijoter à feu doux environ 1 h 30, jusqu'à ce que le liquide soit réduit de moitié. Retirer le laurier.
Laisser refroidir, puis mettre au réfrigérateur toute la nuit. Dégraisser le bouillon avant de le filtrer au tamis.

6 MOIS ET PLUS

1,75 LITRE (7 TASSES)

CUISSON: 1 H 30 MIN

PEUT ÊTRE CONGELÉ, SAUF SI ON L'INTÈGRE À UNE PURÉE QU'ON VEUT CONGELER

La préparation du bouillon de poulet semble laborieuse, mais elle est pourtant d'une grande simplicité. Utilisez la carcasse d'un poulet rôti ou des os de poulet concassés comme base. Ce bouillon se conserve jusqu'à 3 jours au réfrigérateur.

Index

Remerciements

Je remercie les personnes qui ont participé à la création de ce livre: Sarah Lavelle, Dave King, Kate Parker, Caroline King, Dr Jane Morgan, Dr Mary Fewtrell, Dagmar Vesely, Jo Harris, Carey Smith, Katherine Hockley et tous les employés de l'atelier graphique Smith & Gilmour de Londres. Merci aux mères et aux bébés qui ont participé aux séances de photos: Claire et Leo Bowers, Lauren et Aaron Breslauer, Helena et Tomas Caldon, Beverley et Chase Calvert, Laura et Charlie Davies, Rosie et Maia Hallam, Daniella et Luca Pillitto, Julie et Emily Zimmerman.

À propos de l'auteur

Annabel Karmel est une sommité du Royaume-Uni dans le domaine de l'alimentation et de la nutrition des bébés et des jeunes enfants. Grâce à ses conseils, des millions de parents peuvent maintenant préparer des repas nourrissants et délicieux pour leurs petits sans être contraints de passer de longues heures à cuisiner.

Mère de trois enfants, elle a publié 22 livres dont de nombreux best-sellers tels que *Le grand livre de bébé gourmand, 100 plats de pâtes pour petits gourmands, Les superaliments pour les bébés et les enfants de 4 mois à 8 ans, Fêtes de princesses et de fées gourmandes* et *Petits plats pour petits doigts*. Annabel a également créé une gamme de repas préparés, d'objets et d'ustensiles facilitant la préparation des aliments pour bébés ainsi qu'une marque d'aliments santé pour jeunes enfants. Visitez le site **web www.annabelkarmel.com** pour de plus amples informations.